스카이 멘탈

SKY MENTAL

스카이 멘탈

최상위권 대학에 가는 아이들은
무엇이 달랐을까

하지원 지음

SKY 멘탈 없이는
죽어도 SKY 못 갑니다

첫 번째 책을 내고 나서 두 번째 책을 내기까지 1년이 지났습니다. 그사이 사교육 시장의 규모는 30조에 육박하게 되었고 의대 정원은 원점으로 회귀하였으며 고교학점제 전면 시행으로 인해 교사와 학생 모두 혼란스러운 시기를 보내고 있습니다. 2028학년도부터는 통합형 수능이 시작되죠. 몇 년 사이에 이렇게 많은 것이 변하니 학생과 학부모님 입장에서는 무엇을 믿고 어느 장단에 맞추어 대입을 준비해야 하는지 모르겠다는 소리를 할 수밖에 없습니다. 문제는 과연 이게 마지막 변화일까, 하는 것이겠지요? 아닙니다. 앞으로도 대입 정책은 계속 변화할 것입니다.

저는 교육계에 종사하는 동안 많은 사람을 관찰하면서 'SKY를 목표로 전력 질주하는 학생과 학부모님은 많은데 왜 실제로 그 목표를 달성하는 사람은 적을까?'라는 생각을 하게 되었습니다. 대입 정원이 정해져 있는데 당연한 거 아니냐고 말하는 사람도 있겠지만, 막대한 사교육비, 시간과 에너지를 쏟고도 SKY에 못 가는 사례, 비학군지나 사교육 인프라가 없는 곳에서도 SKY에 가는 사례를 지난 10년간 수없이 지켜보면서 이것은 단순히 학군지냐 아니냐, 사교육비를 얼마나 쓰냐, 선행 학습을 몇 년 하느냐의 문제가 아니라는 것을 다시금 깨달았습니다. 그 내막을 면밀히 관찰하니, 각자 처한 환경은 정말 다양하지만 그 안에서도 SKY에 합격하는 학생들과 학부모님들에게는 공통점이 있었습니다. 저는 그것에 'SKY 멘탈'이라는 이름을 붙였습니다.

이 책은 SKY 멘탈을 이해하기 쉽게 설명하고, 그걸 갖추기 위해 실천할 수 있는 지점을 명확하게 제시하려 합니다. 무엇보다 7세 고시부터 시작해서 온갖 사교육에 엄청난 돈을 들이고도 대입에서 원하던 결과를 성취하지 못해 가족 간의 사이가 틀어지는 안타까운 일이 발생하지 않기를 바라며 이 책을 썼습니다.

과거와 달리 요즘은 교육 정보의 비대칭성이 크지 않습니다. 교육부, 대학교, 고등학교 홈페이지나 대입 정보 포털 어디가, EBS,

교육 기사, 유튜브 등을 통해 다양한 자료와 정보에 누구나 접근할 수 있습니다. 물론 자료가 무척 방대할뿐더러 같은 자료를 봐도 해석하는 힘이 다르고, 보통은 그럴 시간도 없을 정도로 바쁘다는 게 문제입니다. 그래서 그것을 전문성 있게 분석하고 해석할 수 있는 학원과 컨설팅 업체에서 서비스를 받는 것입니다. 시간과 에너지를 아낄 수 있다면 적절한 투자는 아깝지 않죠.

하지만 제가 대입을 지도하며 느낀 건, 결국 공부를 잘하는 학생이 입시 정보력도 뛰어나단 겁니다. 공부 태도와 입시 정보력에는 자기 주도성과 적극적 태도, 책임감이 중요하게 작용한다는 공통점이 있기 때문이죠. 평소 공부를 주도적으로 하는 학생들은 모르는 것이 생기면 스스로 고민하고, 찾아보고, 그래도 끝까지 모르는 것만 모아 질문을 뾰족하게 다듬은 다음, 담당 선생님께 질문합니다. 이미 스스로 충분히 고민했기에 사실상 문제 해결에 필요한 실마리를 대부분 다 모은 상태고, 마지막 퍼즐 한 조각을 맞추기 위해 질문을 하는 셈이죠. 심지어 마지막 퍼즐도 질문과 토론 과정에서 스스로 맞춰 냅니다. 그렇게 자신만의 완성작을 만들지요.

하지만 자기 주도성, 적극적 태도, 책임감이 부족한 학생은 일단 기본 수업에도 집중하지 않습니다. 그래서 수업의 핵심 내용을 파악해서 내 것으로 만드는 걸 어려워하고, 시험이 눈앞에 닥쳐서야 모르는 것이 너무 많다는 것을 깨닫게 됩니다. 질문도 거의 안 하지만, 드물게 질문할 때도 매우 모호하게 합니다. 왜냐하면 자신이 정확히 무엇을 모르는지, 질문을 통해 무엇을 알고 싶은지조차 파악하지 않은 채로 일단 질문부터 하고 보기 때문입니다. 이러한 공부 태도에서의 극명한 차이가 입시 정보를 독해하는 실력, 그걸 토대로 대입을 준비하는 과정에서도 그대로 드러납니다. 이런 차이가 12년간 쌓이고 쌓여 결과로 명확하게 나타나는 거죠.

인생 전체를 놓고 보면 대입이 별거 아닌 것처럼 보일 수도 있습니다. 하지만 저는 12년 동안 학교에 다니는 것에는 단순히 '좋은 대학을 간다.' 그 이상의 의미가 있다고 말씀드리고 싶습니다. 학교란 12년간 사회적 존재로서 규칙을 준수하고, 다른 사람에게 피해를 끼치지 않고, 나에게 주어진 일을 책임감 있게 완수하며, 협력하는 마음과 리더십을 몸소 배울 수 있는 곳입니다. 그리고 학창 시절은 진정한 어른으로 자라나기 위한 몸과 마음의 성장을 이루는 아주 값진 여정이라고 생각합니다. 12년의 과정을 충실히 보냈을 때 대입에서도 원하는 결과를 성취할 수 있습니다. SKY 멘탈은 그 모든 것을 온전히 성취하는 태도이기도 합니다.

한 문장 한 문장 꼼꼼하게 들여다보시고, SKY 멘탈을 온전히 이해한 다음 직접 실천해 보시기를 바랍니다. 입시를 위한 12년이 무

한 경쟁에 노출되는 안타까운 시간이 아닌, 행복하게 성장하며 온
전한 어른으로 자라는 값진 시간이 되기를 진심으로 바랍니다.

하지원 드림

차례

KEY WORD 1　#부모력

에필로그

#부모력

성적을 다 깎아 먹는
부모의 습관

성적을 다 깎아 먹는 부모의 습관으로는 간섭과 잔소리, 자녀를 있는 그대로 인정하지 않는 태도, 과잉보호까지 총 세 가지가 있습니다. '나는 과연 어떤 부모인가?' 지금 부모로서의 말과 행동을 객관적으로 생각해 보는 시간을 가져 보면 어떨까요? '내가 하는 건 잔소리가 아니라 다 잘되라고 하는 소리지.'라고 생각하실 수도 있지만 그 말을 듣는 자녀도 그렇게 생각할까요? 자녀를 키우는데 어떻게 잔소리를 하지 않을 수가 있냐고 푸념하는 분들도 있습니다. 하지만 애초에 듣는 사람이 '그 말이 합리적이고 타당하며 나에게 도움이 되므로 새겨듣겠다.'라고 생각할 수 있는 말은 잔소리가 아닙니다. 자녀들의 반응을 잘 살펴보세요. 아이들의 표정은 어떤가요? 자녀의 행동에 변화가 생겼나요? 아니면 몇 년째 같은 행동에 대해서 지적하고 있는데도 여전히 변화가 없나요? 잔소리 이전에 자녀와 유대 관계 또는 신뢰 관계가 잘 형성되고, 부모가 매사에 본보기가 되며 자녀의 사랑과 존경을 받는 것이 우선이죠. 그런 상태에서 정말 아이에게 그 말이 필요할 때, 바로 그 순간에 하는 결정적인 한 마디는 잔소리가 아닌 멘토링입니다.

하지만 시도 때도 없이 남발하는 말, 특히 부모 자신도 그렇게 행동하지 않으면서 자녀에게는 그렇게 행동할 것을 강요하는 말은 잔소리일 뿐입니다. 예를 들어 부모도 책을 안 읽고 휴대폰과 TV를 보기 바쁘면서 자녀에게 "휴대폰 그만 보고 책 좀 읽어라. 문해력이 중요하다고 하더라. 언제까지 휴대폰만 붙들고 있을래?"라고 말한다면 자녀는 속으로 무슨 생각을 할까요? '엄마, 아빠부터 휴대폰 보지 말고 책 읽으세요.'라고 생각할 수도 있겠죠. 그런 상황에서는 책 좀 읽으라는 부모의 메시지가 자녀한테 가닿을 수가 없습니다. 오히려 반발심만 생길 뿐이지요. 학부모 상담을 하다 보면 이런 고민을 토로하시는 분들이 많습니다.

학부모 : 제가 아무리 맞는 말을 해도 아이가 전혀 변하지를 않아요.

컨설턴트 : 자녀에게 뭐라고 말씀하셨을까요?

학부모 : "너 영어 공부 그렇게 하면 안 돼.", "숙제 그런 식으로 대충하면 안 돼.", "단어는 손으로 직접 쓰면서 스펠링을 외워야 서술형에서 안 틀리지!" 이렇게 말했네요.

컨설턴트 : 그럼 아이는 어떻게 반응하나요?

학부모 : "아, 네. 알겠어요."라고 대답해 놓고 평소에 하던 대로 해요.

컨설턴트 : 아이와 그렇게 동일한 패턴으로 대화하신 지는 얼마나 되셨을까요?

학부모 : 3년 넘은 것 같아요. 그런데 변한 게 하나도 없어요. 대체 어떡하면 좋죠?

아이들은 '그 말이 맞아서' 말을 듣는 게 아니라 마음속에서 피어나는 비전이 보였을 때 스스로 행동합니다. 그러므로 저런 대화를 이어가 봤자 아이의 행동에 변화가 일어날 가능성은 낮죠. 부모 입장에서 구구절절 맞는 말을 하는데도 자녀의 행동에 변화가 없다면, 자녀가 그 말을 잔소리로 듣고 있다는 뜻이니 다른 방법을 찾아보세요. 아이의 마음속에 비전을 제시할 방법을 찾고 그런 비전과 목표를 향해 아이가 스스로 다가가게 하는 것이 훨씬 효과적입니다.

부모가 아이를 못 믿는데
아이가 스스로를 믿을 수 있을까?

성적을 다 깎아 먹는 또 다른 부모의 습관은 자녀를 있는 그대로 인정하지 않는 태도입니다. 한 가지 비유를 해 보자면 자녀는 여름에 피는 무궁화로 태어났는데 꽃 시장에서 5월에 피는 장미가 높은 값에 판매되고 인기가 많다고 무궁화 보고 "5월에 피어라. 5월에 피어야 한다. 그리고 너 같은 흰 색깔이면 안 돼. 새빨간 색이 가장 인기가 많아. 그런 꽃잎 모양이면 안 돼. 장미 모양으로 피어야 한다."라고 하면 어떨까요? 그런다고 무궁화가 장미가 될 수는 없습니다. 괜히 아이만 괴롭히는 거죠.

자녀가 무궁화인지 장미인지, 타고난 고유의 기질과 성향을 발견하고 그것이 잘 발현되도록 도와주는 게 부모의 역할입니다. 그렇게 부모로서 역할을 다하면 아이는 일상생활은 물론이고 공부의 길에서도 자신의 능력을 주도적으로 펼치고 공부 방법 또한 스스로 찾는 인재가 될 겁니다. 나의 강점과 특징을 잘 아는 아이는 공부뿐 아니라 인생의 모든 분야에서 행복하고 건강한 성취를 이룰 수 있다는 뜻입니다.

부모가 대학도
대신 가 줄 건가요?

—

성적을 다 깎아 먹는 부모의 습관, 마지막은 바로 과잉보호입니다. 아이들에게 교과서와 문제집을 딱 한 권만 주고, 오직 학교 수업만으로 모든 공부를 해결하라고 하면 어떻게 될까요? 학원도, 과외도 없고 오직 학교 선생님께만 수업을 들을 수 있다고 가정해 봅시다. 그러면 아이들은 어떻게든 학교 수업에 집중하고 수업 내용을 마스터하기 위해 무시무시하게 노력할 겁니다. 하지만 요즘은 그 반대 상황에 놓인 학생이 훨씬 많죠. 요즘 학생들은 학교 수업이 아쉽지 않습니다. 대체할 게 너무 많기 때문입니다. 과목별 학원, 인터넷 강의, 과외, 팀 수업 등등. 문제집도 마찬가지입니다. 학원에서 만들어 주는 것은 물론이고 시중에 얼마나 많은 문제집이, 얼마나 세세하게 수준별로 나뉘어 있던가요? 교과서가 이해되지 않아도 스스로 끙끙대며 애쓸 필요가 없습니다. 수많은 참고서, 인강, 문제집 해설이 정답을 떠먹여 주고, 언제든지 학원 선생님, 과외 선생님께 질문하면 바로 문제가 해결되니까요.

아이들은 이런 방식이 너무 익숙합니다. 하지만 쉽게 얻은 건 쉽게 날아갈 수밖에 없는 법입니다. 그 지식을 확실히 내 것으로 만들기 위해서는 혼자 고민하고 고심하는 시간이 필요합니다. 그런데 요즘은 공부를 넘어서 수행 평가, 독서 활동도 부모님이 발 벗고 나서서 도와주는 집들이 많죠. 부모님이 아이가 고등학교에서 어떤 동아리에 들어갈지도 개입한다고 합니다. 그래서일까요? 교육 현장에서 학생들을 지도해 보면 혼자서는 그 어떤 결정도 내리지 못하는 경우가 자주 보입니다. 이미 아이들의 환경 자체가 과거보다 훨씬 풍족한데 부모가 과잉보호까지 하니 아이들은 성장하지 못하고, 낯선 환경에 대처하지 못할뿐더러 공부도 겉핥기로만 하게 되는 것이지요.

물론 입시에 직접 영향을 미치는 중요한 것들은 부모님과 의논하거나 허락받을 필요가 있다는 걸 충분히 이해합니다. 하지만 아주 사소한 것조차 혼자 결정하지 못하고 부모님이 알아서 정해 주기만 기다리는 학생들을 보면 '이제 곧 성인이 될 학생이 왜 이렇게 작은 것까지도 부모님에게 의존하는 거지?'라는 생각이 들기도 합니다. 만약 부모님이 문제의식 없이 이런 양육 태도로 꾸준히 아이를 과잉보호할 경우, 아이가 대학에 가서도 부모님 허락 없이는 아무 일도 하지 못하는 의존적인 어른이 될 수도 있습니다. 한술 더 떠서 대학 졸업 후에 회사에 가서까지도 부모님이 자녀 대신 회사로 전화를 하는 경우가 점점 많아지고 있다고 하니, 과장된 경고가 아니라는 것을 느끼실 겁니다. 일상에서도 의존적인데 공부라고 자기 주도적으로 할 리 없으니 성적은 불 보듯 뻔하겠죠.

불안에 잠식되어
아이를 괴롭히지 않는 현명한 부모

—

위 세 가지 습관에는 공통 원인이 있는데, 바로 '부모의 불안'입니다. 내 아이가 잘하고 있는지 불안하니까 간섭하게 되고, 잘하고 있다고 대답해도 여전히 불안하니 불신하게 되고, 그러니 내가 직접 하나하나 다 챙겨 주지 않고는 안심이 안 되는 거죠. 그 때문에 사교육과 선행을 아이의 역량 이상으로 지나치게 많이 시키기도 합니다. 그럴 때 다음과 같은 말을 되새기면 좋습니다.

첫 번째는 '누구나 성장 속도가 다르다.'입니다. 저도 어린 시절을 돌이켜 보면 학습이나 인지 발달 속도가 빠른 편은 아니었습니다. 어떻게 보면 사교육과 선행 학습을 하지 않았을 뿐, 나이에 맞는 정상적인 발달 속도라고 할 수도 있었죠. 다만 다른 친구들은 학원도 다니고, 선행 학습을 하기도 했기에 그와 비교했을 때 제가 좀 느리다고 생각했던 적이 종종 있었습니다. 그런데 자라서 교사가 되고, 자녀를 키우게 되니 제 속도가 느린 게 아니라 평범하고 정상적인 속도라는 걸 알 수 있었죠. 영재가 아닌 평범한 사람은 대부분 적기 교육에 맞춰서 발달하며, 그 과정에서 배우고 성장하는 즐거움을 느낍니다. 하지만 계속 남과 비교하고 부담과 조급함을 느낀다면 아이가 공부하는 즐거움을 빼앗길 수밖에 없겠지요.

두 번째는 '늦은 건 없다.'입니다. 이제 겨우 중고등학교에 들어간 학생에게 "넌 이미 늦었어."라고 말하는 부모님들이 있습니다. 심지어 초등학생한테 그런 말을 하는 분도 계신데, 그건 아이에게 크나큰 잘못을 저지르는 겁니다. 꽃을 피우는 분야와 시기는 사람마다 다릅니다. 어떤 사람은 학창 시절에 꽃을 피우지만 어떤 사람은 취직을 하고서야 꽃을 피울 수도 있고 어떤 사람은 배우자와 행복한 결혼 생활을 하면서 피어날 수도 있습니다. 10대 때 시험 한 번 망쳤다고, 레벨 테스트에서 떨어졌다고 다른 아이들보다 뒤처진다고 단정하고 아이에게 모진 말을 하지 마세요. 생각없이 내뱉은 말이 평생 상처가 됩니다.

세 번째는 '초등학교 때는 지식보다 정서와 태도다.'입니다. 빠르게는 초등학교 1학년, 보통은 3~4학년부터 각종 학원에 가게 되죠. 아이가 어른보다 더 바빠서 빈둥거릴 시간은 고사하고 놀이터에서 놀 시간도 없습니다. 학원-집-학원, 내내 이렇게 살면 아이가 공부에 정을 붙이고 재미를 느낄 수가 없습니다. 게다가 학원 다니고 문제집 푸는 방식의 학습은 중고등학교에 가면 지겹도록 반복하게 됩니다. 초등학교 때는 그것보다 공부가 곧 지적 호기심을 해결해 주는 흥미로운 일이라는 것, 내 나름대로 고민하고 체험하는 게 보람차다는 것 등 아이의 공부에 대한 정서와 태도를 바로잡는 게 더 효과적입니다.

마지막은 '나는 저 나이 때 어땠었지?'입니다. 아이를 어른의 기준으로 바라보지 마세요. 아이의 수준과 눈높이에 맞춰서 지도해야 합니다. "왜 저걸 못하지?", "숙제를 왜 이렇게 하기 싫어하는 거야?", "혼자서는 책을 못 읽나?", "몇 학년인데 아직까지 연산 실수를 하는 거야!" 같은 말을 하기 전에 과연 나 자신은 어땠는지 돌아보는 현명함을 갖추세요. 고등학생도, 심지어 공부를 잘하는 아이들도 종종 연산을 실수할 때가 있는데 하물며 초등학생은 어떻겠습니까? 숙제는 어른으로 치면 집까지 일감을 가져온 거나 다름없는데 하기 싫은 게 당연하겠죠. 무턱대고 질책하기 전에 이해할 줄 아는 부모가 불안을 이겨 낼 수 있습니다.

대입을 치른다는 것은 한 사람이 온전히 성장하도록 돕는 일이기도 합니다. 성적을 다 깎아 먹는 부모의 습관은 피하고 자녀가 온전한 성장을 이루도록 부모이자 인생의 선배로서 최선을 다하는 것이 중요합니다. 자녀를 키우고 대입까지 이미 겪어 본 선배 부모님들은 고등학교 3년이 속절없이 빨리 지나간다고들 합니다. 그만큼 그 시기가 전력 질주나 다름없다는 것이겠지요. 전력 질주를 위한 준비 기간이 중학교 3년이라면 준비 기간 이전의 기초 체력을 쌓는 과정이 초등학교 6년인 셈입니다. 이 말을 듣고, '초등 6년 동안 국영수 학원 많이 보내서 기초를 튼튼하게 하라는 뜻이겠지?'라고 생각하신다면 교육의 본질을 놓치고 계신 겁니다. 물론 국영수 실력도 중요하지만, 초등 6년간 가장 중요한 것은 가정 교육, 충실한 학교 생활, 자기 주도 학습 및 독서 습관을 비롯한 심신의 조화로운 발달과 인성 교육입니다. 가정에서 경청과 예의범절을 몸소 체득한 아이들은 학교에 가서도 그대로 행동합니다. 수업 시간에 딴짓하지 않는 집중력, 주변에 늘 예의 바르게 행동하고 말할 줄 아는 사회성이 있으니 학교에서 문제가 발생할 일이 없겠지요. 그토록 중요한 것을 놓치거나 소홀히 하면서 사교육에만 열을 올리지 마십시오. 그래 봐야 들인 돈만큼 효과가 나지 않습니다. 부모로서 자녀가 온전한 성인으로 자랄 수 있게, 20년 동안 차근차근 부모로부터 독립할 수 있게 하는 일이 곧 아이의 성적을 지키는 일과 직결됩니다. 간섭과 잔소리, 불신, 과잉보호로 아이를 온실에만 두려 하면 성적은 물론이거니와 아이의 삶이 흔들립니다.

1. 화가 나도 배우자와 자녀에게 아무 말이나 내뱉지 않는다.

2. 자녀에게 부모인 나의 가치관을 강요하지 않는다.

3. 자녀를 내 방식대로 통제하지 않는다.

4. 내 불안 때문에 아이를 '학원 뺑뺑이' 돌리지 않는다.

5. 밤늦게까지 술을 마시고 흐트러진 모습을 보이지 않는다.

6. 아이의 휴대폰 사용 절제를 위해 나도 휴대폰 사용을 줄인다.

7. 아이를 다른 형제자매나 딴 집 아이와 비교하지 않는다.

8. 남들 앞에서 팔불출처럼 내 자식 자랑만 하지 않는다.

부모력

끝까지 학원에만 의존하면
아이만 불행하다

학원 뺑뺑이,
자녀를 위한 것인가 부모를 위한 것인가?

요즘은 대부분 맞벌이를 하고, 초등학교 하교 시간은 12시 반에서 2시 반 사이이다 보니 어쩔 수 없이 학원을 여러 군데 보내는 부모님이 많습니다. 하지만 그런 현실적인 이유 때문이 아니라 내 아이는 누구보다 앞서 나가야 한다는 부모님의 욕심과 불안 때문에 과도하게 학원을 많이 보내기도 하죠. 자녀는 늘 피곤하다거나 학원 가기 싫다는 말을 입에 달고 사는데 그런 신호는 무시한 채 "아니야. 이 정도는 다 해. 안 하면 우리만 도태되는 거야. 다른 애들은 3년, 5년씩도 선행을 하는데 우리는 겨우 2년밖에 못 하고 있잖니. 늦었어, 늦었어." 이렇게 말하며 학원 뺑뺑이를 돌리고 있지는 않으신가요? 물론 아이의 체력이나 멘탈이 그 일정을 감당할 수 있다면 남들이 보기에 그게 학원 뺑뺑이처럼 보여도 상관없습니다. 아이가 충분히 소화할 수 있다면 뺑뺑이가 아니기 때문이죠.

문제는 아이가 보내는 위험 신호를 캐치하지 못한 채 부모 본인의 불안 때문에 억지로 아이를 학원으로 내몰 때 발생합니다. 아이가 당장은 스케줄은 잘 소화하는 것처럼 보여도 몇 년 후에 이상 증상이 나타날 수 있기 때문입니다. 아이가 신체적, 정신적으로 완전히 고갈될 수 있다는 것이지요. 그렇게까지 힘들어할 줄은 몰랐다거나 그런 신호는 전혀 보이지 않았다고 말하시는 부모님도 계시지만, 솔직히 말하자면 모르는 척하고 싶었던 건 아닌지 묻고 싶습니다. 물론 일부러 자식을 망가뜨리려고 그랬다고 말하는 건 아닙니다. 자식을 사랑하지 않는 부모는 없죠. 하지만 내 사랑이 과연 올바르고 적절한지는 객관적으로 생각해 볼 일입니다. 식물을 기를 때도 저절한 햇빛과 물을 줘야지 너무 뜨거운 햇볕 아래 오래 내놓는다거나 물을 너무 많이 주거나 하면 잎이 마르고 뿌리가 썩어 죽습니다. 무엇이든 부족한 것보다 과한 것이 문제가 되는 세상입니다. 자녀에 대한 지나친 사랑도, 지나친 걱정도, 그런 걱정과 불안감으로 시작된 사교육도 늘 지나쳐서 문제입니다.

게다가 가정에서 부모님이 지도하고 채워 주셔야 하는 부분이 아주 많습니다. 물론 그 과정에서 아이와 갈등을 빚을까 걱정될 수도 있고, 일하고 오니 너무 피곤해서 그냥 다 학원에 맡기고 싶은 마음도 있을 겁니다. 하지만 입시 처음부터 끝까지 학원에만 의존하고 돈으로 다 해결하려고 하면 안 됩니다. 그러면 아이만 중간에서 불행해집니다. 그런 마음은 버리고 작은 것 하나도 부모로서 정성스럽게, 올바르게 자녀를 위해서 해 주신다면 자녀에게도 길이 열립니다. 그러니 아이가 시들지 않도록 똑똑하게 사교육을 활용하시길 바랍니다.

좋은 학원만 찾아다니다가 끝나 버리는 입시

좋은 학원은 언제부터 찾아야 할까요? 학군지에서는 7세부터 탐색을 시작합니다. 유명 인기 학원들은 돈만 내면 다닐 수 있는 구조가 아닙니다. 레벨 테스트, 즉 7세 고시를 통과해야 등록할 수 있는데 애초에 7세 고시 신청부터 경쟁의 시작입니다. 유명 인기 학원 레벨 테스트는 단 몇 분 만에 마감되기 때문입니다. 레벨 테스트를 통과하면 끝일까요? 더 좋은 학원, 더 유명한 강사가 강의하는 학원을 찾기 위한 노력은 끝나지 않습니다. 학년이 바뀌면 집중해야 할 과목도 바뀔뿐더러 시간이 지나면서 자연스레 학원의 레벨도 달라지기 때문입니다.

그런데 그렇게 유명 학원으로 채워진 '로드맵'을 쭉 따라가기만 하면 대입에서 성공할 수 있을까요? 이 정보, 저 정보 가리지 않고 모두 섭렵하고 학원 라이딩으로 하루를 다 보내다 보면 아이도 번아웃이 오지만 부모도 지칩니다. 결국 초중등 시기 9년 동안 힘을 다 빼고 입시에서 제일 중요한 고등 시기 3년을 퍼진 차처럼 무기력하게 보내게 되는 것이지요. 그 어떤 유명 학원도, 제아무리 대단한 대치동 로드맵도 내 아이에게 유효한 전략이 아니면 과감히 폐기하십시오. 아무리 몸에 좋은 약이라도 내 몸에 안 받으면 쓸모가 없습니다. 아이가 버티면 다행이지만 그 과정에서 버거움과 스트레스에 시달리다 못해 번아웃이 오고 소아정신과까지 방문해야 하는 상황이라면 반드시 멈춰야 합니다. 이때 멈추지 못하면 대입은 둘째 치고 아이의 인생이 위태로워집니다.

결국 이겁니다. 각종 학원 설명회 다니면서 입시 정보, 잘 가르치는 선생님, 좋은 교재 찾는 데만 열중하지 마세요. 좋다는 학원 여기저기 옮겨 다니면서 자꾸 공부 방법만 가르치려고 하지도 마세요. 아이의 내면에 중심이 있어야 합니다. 뜻이 있으면 방법은 스스로 알아서 찾게 되어 있습니다. 아직 어릴 때는 학원 가서 진도 조금 더 나가고 성적 조금 더 잘 받는 것보다 스스로 가치 있다고 생각하는 영역에 뜻을 세우는 것이 훨씬 중요합니다. 그것만 해내면 방법은 시행착오를 겪으며 자연스럽게 찾게 됩니다. 12년간 최선을 다해서 좋다는 학원은 다 찾아 어떻게든 등록하고, 매일같이 라이딩했는데 정작 아이가 고3이 되었을 때 '난 지금까지 무엇을 위해서 이렇게까지 한 거지? 애는 왜 원하는 대학에 갈 성적이 안 나오게 된 거야? 입시 끝날 때까지 학원이니 컨설팅이니 의존만 하고, 스스로 할 줄 아는 건 아무것도 없네.' 같은 후회를 느끼지 않으려면 가정의 중심, 아이의 중심을 어디서부터 어떻게 잡아야 할지 고심하시기 바랍니다.

대입의 성공 공식이 '할아버지의 재력 + 아빠의 무관심 + 엄마의 정보력'이라고들 하죠. 과연 그럴까요? 물론 입시를 아예 모르는 엄마보다야 잘 아는 엄마가 유리한 건 맞습니다. 정보력의 두 중심축, 상급 학교에 대한 정보와 과목별 학원, 강사 정보 등을 알면 남들보다 앞서기 쉽죠. 하지만 다시 한번 말합니다. 그 정보 잘 알고 대입 전형 빠삭하게 알아도 부모 노릇 제대로 못 해서 아이 건강과 멘탈이 무너지면 말짱 도루묵입니다. 건강과 멘탈이 무너지는데 성적이라고 멀쩡하게 유지될 리가 있을까요? 엄마는 SKY, 의대 입시 박사인데 아이는 SKY 문턱도 못 넘을 상태라면 그 모든 노력과 정보가 무슨 소용이겠습니까. 그래서 저는 이렇게 말씀드립니다. 대입 정보에 몰두하느라 자녀의 생애 첫 20년을 흘려보내지 마시고 부모로서 책임과 도리를 다하세요. 자녀의 존경과 사랑을 받는 부모님이 되고 나서, 대입 정보는 아이에게 그 정보가 필요해지는 순간보다 딱 한 발짝 빠르게 알기 시작하면 됩니다. 정 모르겠으면 전문가에게 위임해도 됩니다. 우선순위가 무엇인지 파악하는 게 중요하다는 말씀을 꼭 드리고 싶습니다.

당장 학원 다 끊으라는 말이 아니다

—

그런 말씀을 드리면 제게 이렇게 물으시는 부모님도 계십니다. "그러면 저희 아이 당장 학원 다 끊고 '집 공부' 시켜야 하나요?" 그러면 저는 제 운동 이야기를 말씀드립니다. 저는 운동을 잘하지 못하는 편입니다. 사실 요즘엔 집 근처 공원만 가도 체육 시설이 잘 갖춰져 있고, 산책할 곳도, 러닝할 곳도 많으니 환경은 좋은데 자기 주도적으로 운동하지 못할 뿐이죠. 그래서 저는 돈을 내고 운동을 배웁니다. 그럼 선생님께서 한 시간 동안 제 수준에 맞춰서 체계적으로 가르쳐 주십니다. 저 혼자 하려고 했더라면 갈지 말지 갈등하는 시간도 길었을 테고 아예 운동을 가지 않은 날도 제법 됐을 겁니다. 저는 제가 운동에 어려움을 겪는 과정을 통해 자기 주도적 공부를 어려워하는 학생의 마음을 정확히 알게 되었습니다. 해도 해도 안 되는 걸 억지로 혼자 골머리 싸매지 마세요. 스스로 하기 힘들면 자신에게 맞는 선생님을 잘 찾아서 열심히 배우는 것도 방법입니다. 이처럼 필요한 사교육은 당연히 시키는 게 좋습니다. 다만 필요 이상으로 과하게 시키는 것이 문제일 뿐입니다. 사교육 업계에 종사하시는 선생님들도 정말 최선을 다해 수업하시고, 학생 지도에 신경을 쓰는 분들이 많기 때문에 아이에게 필요한 사교육을 일부러 끊을 필요는 없습니다. 모든 과목의 학원을 보내고 3년 치 이상의 지나친 선행 학습, 그로 인한 어마어마한 양의 학원 숙제와 그 숙제 탓에 더 늦어지는 취침 시간 등 구조적인 문제로까지 발전하지 않도록 주의를 기울여 세심하게 사교육을 활용하신다면 아무런 문제가 없습니다.

진짜 사교육을 잘 활용하는 가정은 이렇습니다

여러분은 멀티태스킹이 효율적이라고 생각하시나요? 예를 하나 들어 보겠습니다. 자녀 두 명을 키우는 맞벌이 부부를 생각해 봅시다. 회사도 가고 가사 노동도 서로 분담해야 하는 데다 각종 숙제 파악에 학원 등하원 스케줄과 동선까지 계산해야 하고 심지어 냉장고에 식재료가 떨어지지 않았는지도 늘 살펴야 하지요. 이처럼 너무 많은 일을 동시에 처리하다 보면 어느 것 하나 제대로 했다는 느낌이 들지 않습니다. 여기서 뭔가를 놓치고 저기서도 뭔가를 빼먹기 마련이죠. '펑크 안 나고 돌아가면 다행이다.' 이런 마음으로 커리어와 가정을 병행한다는 부모들의 이야기를 듣다 보면 어떤 심정인지 이해가 됩니다. 많은 학원에 다니는 아이들 또한 그와 비슷한 상태입니다. 학교 수업도 복습해야 하고 숙제, 수행 평가, 각종 비교과 활동도 하면서 학원 숙제도 과목별로 밀려 있고, 학원 수업 복습도 해야 하는 등 공부의 종류와 양이 너무 많아서 어느 것 하나 제대로 하지 못하는 아이들이 제법 있습니다. 성적을 높이기 위해 사교육을 받는 게 아니라 사교육을 받기 위해 사교육을 받는, 본말이 전도된 경우라고 할 수 있겠습니다.

대입의 관점에서 SKY와 의대에 갈 정도의 성적이 나오려면 그것이 무엇이든, 어떤 것 딱 하나에 정통하여 일정 수준 이상을 넘어서는 경험을 반드시 해야만 합니다. 역량과 내공을 쌓아서 어떤 수준을 넘어서면 웬만해서는 그 아래로 떨어질 일이 없습니다. 예를 들어 학교 선생님들이 내신 시험 문제 출제자이니 학교 수업에 집중력을 온전히 쏟고 자기 주도 학습으로 개념과 지식을 완벽히 나만의 것으로 만드는 데 정통하면 내신은 걱정할 일이 없겠죠. SKY나 의대에 합격하는 학생 중에 그처럼 한 가지에 정통하는 과정을 거치지 않은 학생은 없다고 해도 과언이 아닙니다. 물론 일정 수준을 넘기까지 상당히 많은 인내가 필요하지만, 인내심을 가지고 자기 훈련을 통해 선을 넘는 경험을 체험하고 나면, 그 내공은 무너지지 않습니다.

하지만 모두가 그럴 능력이 되는 건 아닙니다. 이때 사교육을 활용할 줄 아는 부모님은 도저히 아이 혼자 힘으로 커버가 되지 않는 한두 과목만 사교육의 도움을 받는 방향으로 가는 겁니다. 그러니 어렸을 때부터 많은 과목을 사교육에 의존하여 학습하지 말고, 힘들고 어렵더라도 스스로의 힘으로 부딪쳐 보고 시행착오를 거치며 극복하는 과정을 통해 학습력을 기르고, 그럼에도 추가적인 도움이 필요하다 싶은 딱 한두 과목을 사교육으로 채우길 바랍니다. 그게 바로 올바르고 효율적인 사교육 활용법입니다.

1. 입시, 학원 정보부터 알아보기 전에 훌륭하고 존경받는 부모가 되기 위해 노력하고 있는지 살펴본다.
2. 아이가 영재가 아닌 이상 적기 교육을 받는 게 모든 면에서 이로운데 자녀의 발달 속도를 무시한 채 대치동의 속도를 따라간 건 아닌지 생각해 본다.
3. 우리 아이를 좋은 학원에 보내 주려다 몸과 마음의 건강을 놓치고 있는 건 아닌지 살펴본다.
4. 아이에게 나의 시간과 돈, 에너지를 '투자'한다고 생각하고, 당연히 아이가 성적으로 보상해야 한다는 마음을 은연중에 갖고 있지는 않은지 솔직하게 돌아본다.
5. 스스로에 대한 보상 심리 때문에 아이에게 상처가 되는 말과 잔소리를 아무렇지 않게 하고 있진 않은지 돌아본다.
6. 자녀를 위한다고 하면서 실은 내 목표와 욕구를 채우려 하고 있는 게 아닌지 살펴본다.

아이가 게임, 유튜브 끊는 건
부모력에 달렸다

휴대폰 쥐면
합격 통지서 놓친다

학생들에게 꼭 말해 주고 싶은 게 있습니다. 스마트폰, 게임, 유튜브, SNS 사용을 통제하지 않고 대입에서 원하는 결과를 낸 사람은 단언컨대, 단 한 명도 없습니다. 그럼 이렇게 반문하는 학생이 생기지요. "게임 할 거 다 하고 서울대 합격한 형 봤는데요?" 그 형은 휴대폰에 끌려간 게 아니라, 자신이 휴대폰 사용 시간을 통제한 겁니다. 나머지 시간에는 공부에 집중했을 게 분명합니다. 일반고에서 서울대 경영학과에 정시로 합격한 학생을 만난 적이 있는데, 그때 들었던 말이 매우 인상 깊었습니다. "제가 서울대에 합격한 비결은 고등학교 졸업할 때까지 SNS를 하지 않은 거예요. 만약 SNS를 했더라면 서울대 합격은 불가능했겠죠." SNS를 하면 친구들에게 DM(다이렉트 메시지)이 수없이 오기 시작합니다. 이게 우정을 쌓는 한 방법이고 스트레스 탈출구일 수도 있겠지만, 수시로 확인하느라 휴대폰을 손에서 놓지 못하거나 공부를 해야 하는 순간에도 모든 신경이 휴대폰에 가 있다면 책을 폈을 뿐 공부한 게 아닙니다.

이렇게 말하는 학생도 있습니다. "담임 선생님께서 학급 전달 사항을 다 메신저로 전달하세요. 그래서 수시로 휴대폰을 확인해야 하는데 그런 건 어쩔 수 없잖아요." 물론 코로나 이후 학급 전달 사항을 메신저로 보내는 일이 많아졌습니다. 하지만 정말로 공부에 대한 의지가 있는 수험생들은 스스로 2G폰 또는 전화와 문자만 되는 공부의 신 폰, 일명 '공신폰'으로 바꿉니다. 내 의지력으로 통제가 어려울 수도 있겠다는 생각이 들면 애초에 공신폰을 사용해 버리는 것이죠. 그러고 나서 담임 선생님께는 공신폰을 사용하고 있으니 번거로우시겠지만 전달 사항을 문자로 보내 주실 수 있는지 별도로 요청합니다. 학생이 그렇게 요청하는데 들어주지 않을 담임 선생님이 있을까요? 오히려 공부에 집중하고자 하는 학생의 의지를 대견하게 여기실 겁니다.

당신의 가정에
어떤 씨앗을 심고 있습니까?

부모님들께 드리고 싶은 말씀은 바로 이겁니다. "콩 심은 데 콩 나고 팥 심은 데 팥 나듯, 책 읽는 부모 밑에 책 읽는 자녀 나고 휴대폰 하는 부모 밑에 휴대폰 하는 자녀가 납니다." 여러분은 가정에 책을 심고 계시나요 아니면 휴대폰을 심고 계시나요? 자녀의 스마트폰 중독 원인이 무엇인지 객관적으로 잘 생각해 보시기 바랍니다. 요즘은 영유아기부터 스마트폰을 접하게 되다 보니 초등학생인데 벌써 스마트폰과 유튜브에 중독된 아이들이 생기는데, 이건 부모님의 책임이 가장 큽니다. 어릴 때부터 아이에게 스마트폰을 쥐여 주면 안 됩니다. 식당에서, 마트에서 떠들고 떼쓰고 우는 아이를 달래려면 어쩔 수 없다고 하실 수도 있지만 그건 핑계입니다. 아무리 생활 습관 지도가 어려워도 어릴 때부터 습관적으로 스마트폰을 쥐여 주면 그 습관이 중독으로 이어지고 장기적으로 아이의 학업뿐만 아니라 일상생활에까지 독이 되기 때문입니다.

학습적인 면에서 영유아, 초등 저학년 시기부터 휴대폰으로 영상을 보는 습관이 얼마나 위험한지 살펴보겠습니다. 어렸을 때부터 아무렇지 않게 영상을 많이 본 아이들은 두뇌가 그런 콘텐츠에만 반응하게 됩니다. 달리 말하면 우리 아이의 뇌가 자극적인 콘텐츠와 같은 방향으로 가속화되는 것이지요. 쇼츠, 릴스에 중독된 아이들의 뇌는 학교 수업에 전혀 집중하지 못합니다. 수업 시간은 초중고 순으로 40분, 45분, 50분이고 고학년이 될수록 수업 시수도 늘어나죠. 그런데 초등학교의 1차시 수업도 지루하고 집중이 잘 안 된다고 하는 아이가 고등학교에 가서 50분씩, 그것도 하루에 7시간씩 집중해서 수업을 들을 수 있을까요? 자리를 지킬 순 있더라도 과연 머릿속에 남는 것이 있을까요? 수업을 듣고 무언가를 남기기는커녕 수업을 방해하지 않으면 다행일 겁니다. 수업을 듣고 공부를 하다 보면, 지겨움을 참아야만 하는 구간이 찾아옵니다. 그런데 어렸을 때부터 부모님이 그런 지겨운 순간을 휴대폰으로 달래 준 아이는 짧은 지루함도 참지 못합니다.

그리고 공부의 기본은 흰 종이 위에 적힌 검은색 글자입니다. 그것을 읽고 이해하고 해석하고 행간의 의미를 찾아내고 내 것으로 소화하는 적극적인 두뇌 활동은 학생의 몫입니다. 아무리 AI 시대라고 해도 중고등학교 내신 시험과 수능까지, 모든 시험의 기본은 흰 종이 위에 적힌 검은색 글자를 빠른 속도로 읽고 정답을 찾는 것입니다. 그런데 아이가 자극적 콘텐츠에만 반응하는 두뇌로 가속화되어 그것을 지루하게 여기고 전혀 흥미를 느끼지 못한다면 그건 전적으로 부모님 책임입니다. 딱 9년, 유치원 3년과 초등 6년을 합친 9년 동안이라도 부모가 휴대폰 사용에 있어 솔선수범하고, 아이가 휴대폰을 과용하지 않도록 단호하게 지도하시길 바랍니다. 그래야 아이가 중고등학교에 갔을 때 중독에 허덕이며 집중력 문제로 성적의 미로를 헤매지 않습니다. 그러니 부모님부터 휴대폰과의 전쟁에서 이기세요. 아이가 휴대폰을 멀리하고 책을 가까이하기를 원한다면 부모님부터 그렇게 하셔야 합니다.

제가 추천하는 방법은 '거실 공부'입니다. 저희 집 거실에는 TV가 없습니다. 가족이 다 함께 앉을 수 있는 긴 나무 테이블과 의자가 있고 거실 벽장에는 몇백 권의 책이 있을 뿐이죠. 제 남편과 저는 매일 신문과 책,《이코노미스트》같은 잡지를 읽습니다. 아이도 거기서 숙제하고 책을 읽고 그림을 그립니다. 거실 분위기 자체를 그렇게 만들었더니 스마트폰을 붙잡고 있을 일이 없습니다. 어른인 저조차도 환경의 중요성을 매일 체감하고 있을 정도니까요. '아, 퇴근하고 TV랑 휴대폰 보면서 아무 생각 없이 쉬고 싶은데, 하루 종일 힘들게 일하고 와서 내 마음대로 쉬지도 못하나?' 이런 생각이 드는 건 이해합니다. 하지만 그렇다고 자려고 침대에 누워서까지 한두 시간씩 쇼츠나 릴스를 보면 잠도 설칠뿐더러 다음 날 피곤하고 졸린 몸으로 집중해 보려고 해도 집중이 전혀 안 되는 게 당연지사겠죠. 아이도 마찬가지입니다. '아, 학교에 학원에 자기 주도 학습까지 하느라 너무 힘드네. 아무 생각 없이 휴대폰 보면서 쉬고 싶다.' 어떻게 보면 당연하고 자연스러운 생각이기도 하고, 하루 종일 고생한 아이를 위해 30분 정도 휴대폰을 사용하게 하는 건 나쁘지 않아요. 그런데 매일 30분 정도만 사용하기로 약속하고 스스로 통제할 수 있는 아이들이 몇이나 될까요? 대부분 30분이 한 시간이 되고, 한 시간이 두 시간이 되기 십상입니다. 새벽 두세 시까지 부모님 몰래 이불 속에 숨어서 스마트폰을 보지나 않으면 다행이죠. 단순히 '남들도 다 쓰는데 못 쓰게 할 순 없잖아.'라는 생각으로 문제를 방치하지 마세요. 이 문제를 진지하게 고민해 보시고 아이에게 지시하기 이전에 부모님이 먼저 노력한 뒤에 아이를 지도하시기 바랍니다. 그래야 아이도 납득할 수 있습니다.

문해력=공부 권력,
압도적 성적을 가져오는
SKY 독서 지도법

전교 1등처럼 공부하고도
중위권에 머무는 아이에게는 '이것'이 없다

—

"선생님, 읽어도 읽어도 이해가 안 돼요." 고등학교에 와서 아무리 공부를 열심히 해도 성적이 오르지 않는 학생들이 자주 하는 말입니다. 공부할 결심을 했고, 매일 그 누구보다 열심히 하고 있는데도 지문 텍스트 자체가 이해되지 않는다고 합니다. 반면에 고등학교에 와서 지금껏 쌓아 온 공부 힘을 발휘하는 아이들은 이렇게 말합니다. "읽으면 이해가 되는데, 다른 애들은 이게 왜 이해가 안 된

대요?" 긴 지문, 어려운 지문도 읽으면 이해가 되고 문제를 읽고 풀면 되는데, 뭐가 문제냐고 물어보는 것이지요. 예상하셨겠지만, 문해력의 차이가 성적을 결정짓는 경우입니다. 고등학교 입학 전, 초중등 시기 9년 동안 착실하게 문해력을 쌓아 온 학생은 공부를 제대로 하기로 결심하면 남들보다 두 배 이상 빠르게 성장할 수 있습니다. 공부 속도가 다른 것이지요. 반대로 이야기하면 문해력을 갖추지 못한 학생은 아무리 공부를 열심히 해도 속도가 붙지 않습니다. 같은 시간을 공부하고도 남들의 절반만큼 공부한 효과가 나는 겁니다. 교과서, 시험 지문, 문제집을 아무리 읽어도 단번에 이해가 되지 않기 때문에 읽고 또 읽어야 합니다. 시간은 배 이상으로 드는데 결과적으로 내용을 장악하지 못합니다. 핵심을 파악하지 못하는 건 물론이고 출제자의 의도도 알아채지 못합니다. 그래서 엉뚱한 선지를 답으로 고르게 되지요. 그리고 자신이 왜 틀렸는지, 뭘 모르는지도 정확하게 파악하지 못합니다. 이처럼 평소 공부에도 문해력이 절대적으로 중요하고 고3이 가까워질수록, 수능이 다가올수록 문해력의 중요성은 더더욱 커집니다.

문해력이라는 단어를 너무 많이 들어서 이제는 식상하게 느끼실지도 모르겠습니다. 하지만 저는 문해력을 갖추지 않은 상태로는 SKY 합격이 불가능하다고 말씀드리고 싶습니다. '문해력이 좀 낮지만, 수학이랑 과학을 잘하니까 이과 계열로 가서 SKY 공대나 의대에 진학하면 될 거야.'라고 생각하고 계신가요? 불가능합니다. 수학, 과학이 문해력과 무슨 상관이냐고요? 수능 수학 영역과 과학 탐구 영역 문제를 보시면 아실 겁니다. 이건 단순히 수학 및 과학 지식으로 간단히 풀 수 있는 문제가 아니라 질문과 지문을 정확하게 읽고 이해하는 문해력과 지식이 결합해야만 정답을 찾을 수 있는 문제거든요. 더욱이 2028학년도 수능부터는 문·이과 경계가 없는 '통합형 수능'이기 때문에 수학, 통합 과학만 잘해서는 대입에서 좋은 결과를 낼 수가 없습니다. 전 과목을 골고루 다 잘하지 않으면 SKY는 언감생심입니다.

이처럼 모든 과목에서 중요한 역할을 하는 문해력은 영유아부터 시작해서 초중등에 이르는 10년의 과정이 중요합니다. 그때 문해력을 탄탄하게 쌓아야 대입을 위한 진짜 승부가 펼쳐지는 고등학교에서 진가를 발휘할 수 있습니다. 이 글을 읽고 '그래, 문해력 중요한 거 잘 알지. 하지만 난 책 읽는 데는 영 취미가 없는데……. 그냥 문해력 올려 주는 학원에 보내야겠다.'라고 생각하고는 정작 본인은 소파에 누워 휴대폰만 들여다보는 부모님들도 계실 겁니다. 하지만 유명 국어 학원에 보내면 문해력이 저절로 길러지리라는 건 잘못된 믿음입니다. 대입 경쟁에서 실력을 발휘할 정도의 탄탄한 문해력을 위해서는 기초 공사만 최소 10년이 걸립니다. 단순히 독서 토론, 논술 또는 국어 학원에 보내서 해결하기는 어려운 구조이고 다방면으로 깊이 있게 쌓아 나가야 제대로 된 문해력을 기를 수 있습니다. 무엇보다 앞에서 말했듯 부모가 실천하지 않으면서 자녀에게만 열심히 하라고 하는 건 아무런 효과가 없는 잔소리에 불과합니다. 그러니 나는 누워서 편하게 휴대폰 보고 아이는 학원 가서 열심히 공부해야 한다는 생각은 버리시기 바랍니다. 매일 몇 시간씩 책을 읽지는 못해도 부모님이 먼저 30분이라도, 한 시간이라도 독서하는 모습을 보이면서 10년 장기 프로젝트인 '대입에서 효과를 내는 문해력 기르기'를 위해 노력해 보세요.

1) 영유아기(0~3세) — 언어 자극이 가장 중요하다

아이가 영유아기라면 부지런히 소통하고 매일 자기 전에 15분씩 책을 읽어 주세요. 다양한 말소리와 재미있고 아름다운 이야기에 노출될 수 있도록 해 주세요. 아이가 오감의 자극을 받으면서 부모님과 즐겁고 행복하게 소통하는 것이 중요합니다.

영유아기 문해력 기르는 세 가지 방법

1. 풍부한 언어 자극 주기

아이와 눈을 맞추고 일상적 행동을 말로 설명해 줍니다. 반복적인 대화는 단어 인식과 언어 이해를 촉진합니다.

2. 소리, 리듬 책 함께 즐기기

의성어, 의태어가 풍부한 그림책을 읽어 주며 자연스럽게 억양과 리듬을 들려줍니다. 책의 그림을 손가락으로 가리키며 "이건 강아지야." 하고 연결해 주면 단어와 대상을 맞추는 능력이 발달합니다.

3. 모방, 상호 작용 놀이

아이가 옹알이하면 부모가 따라 말하고, 간단한 몸짓(손 흔들기, 까꿍 놀이)을 함께 하는 모방과 상호 작용은 소통이 곧 즐거움이라고 여기게 해, 이후 문해력 발달로 이어질 발판이 됩니다.

2) 유치원 — 하루 30분 잠자리 독서의 힘

유치원생이라면 한글을 인식하고 쓸 수 있습니다. 초등학교 입학 전에 반드시 한글을 다 뗄 필요는 없습니다만 요즘은 많은 아이가 어려운 글자나 띄어쓰기를 제외하고는 대부분 한글을 다 읽고 쓸 줄 아는 상태로 입학하는 추세이긴 합니다. 그래도 아직 유치원 시기에는 혼자 책을 읽는 아이들이 많지 않으므로 부모님이 맞벌이라서 피곤하시더라도 매일 잠자리 독서를 30분 정도 꾸준히 해 주세요. 한글 학습에도 도움이 되고 정서적으로도 엄청나게 큰 자산이 됩니다.

유아기 문해력 기르는 세 가지 방법

1. 소리 내어 책 읽어 주기

영유아기와 같이 부모가 책을 읽어 주며 억양과 리듬을 들려주는 게 좋습니다. 읽기 전에 "이 책은 어떤 내용일까?"라는 질문으로 상상력을 자극해 주세요.

2. 풍부한 말하기, 듣기 경험

일상에서 보고 들은 것에 대해 아이가 직접 말하도록 유도합니다. "오늘 가장 재밌었던 일은 뭐야?" 같은 질문이 효과적입니다.

3. 놀이 속 언어 자극

역할 놀이, 동요 부르기, 그림 설명하기 등으로 단어, 문장 활용을 자연스럽게 늘리는 게 좋습니다.

3) 초등학생 — 교과서 마스터 + '혼독' 습관 기르기

초등 6년이 문해력 기초 공사를 하는 데 가장 중요한 시기입니다. 문해력을 기르면서 배경지식을 습득하기 가장 좋은 교재는 교과서입니다. 요즘은 교과서를 사물함에 두고 다녀서 교과서 구경도 못한다고 말씀하시는 부모님들이 많습니다. 하지만 교과서는 도외시하고 문제집만 독파하며 단편적으로 문제를 많이 푸는 것보다 긴 호흡으로 교과서를 정독하는 게 더 효과적이고 중요합니다. 그것에 익숙해지면 웬만한 긴 호흡의 글도 그리 어렵지 않게 이해할 수 있습니다. 교과서 한 세트는 학교에 두고 추가로 한 세트를 더 구매해서 집에 두고 한 학기별, 월별, 주별 계획을 세워서 교과서 읽기를 꾸준히 해 보세요. 이 6년간의 기초 공사는 고등학교에서 반드시 빛을 발할 겁니다.

그리고 아이가 좋아하는 책을 시작으로 교과서 이외의 다양한 글을 자유롭게 읽히세요. 처음에는 다독으로 시작하되 점점 정독으로 넘어가면 좋습니다. 시간은 초등 저학년 때는 하루 30분, 초등 고학년에는 한 시간까지 점차 늘려 주세요. 초등학교부터는 국영수에 예체능까지 다양한 학원에 다니느라 책 읽을 시간이 없다고 말하는 부모님이 많습니다. 하지만 생각해 보세요. 월급 받고 나서 쓸 돈 다 쓰고 남는 돈을 저축하려고 하면 돈 절대 못 모읍니다. 저축할 금액을 미리 떼 놓고 남은 돈으로 알뜰살뜰 아끼며 살림을 하는 게 맞지요. 아이의 독서 지도를 위한 시간 관리도 마찬가지입니다. 학원 다닐 거 다 다니고 남은 시간에 책을 읽으려고 하면 당연히 시간이 없지요. 그러므로 매일 하루 30분에서 한 시간 정도 독서 시간을 미리 확보해 놓고 학원 수업, 숙제 시간을 배치하세요.

초등 시기 문해력 기르는 세 가지 방법

1. 독서 분야 넓히기

동화뿐 아니라 전래 동화, 과학책, 역사책, 만화형 학습서 등을 폭넓게 읽히며 배경지식을 쌓게 합니다. 초등 1~2학년 때까지는 글 분량이 많거나, 아이의 문해력보다 살짝 높은 수준의 책은 부모님이 읽어 주셔도 무방하나, 학년이 올라가면 자신의 수준에 맞는 책은 스스로 읽을 수 있도록 지도합니다.

2. 읽은 뒤 말, 글로 표현하기

책을 읽고 줄거리 요약, 마음에 남은 문장 쓰기, 가족에게 이야기하기 등 다양한 활동을 합니다. 이처럼 이해한 내용을 다른 방식으로 재구성하는 능력이 문해력의 핵심입니다.

3. 어휘 확장 활동

새 단어를 알게 되면 '뜻 – 예문 – 그림' 형식으로 정리하고 일상에서 반복하여 사용합니다.

4) 중학생 — 고등 입학 전 마지막 문해력 스퍼트

중학교부터는 내신 시험이 더욱 중요해지죠. 초등과 마찬가지로 전 교과 교과서 공부를 충실히 하세요. 그리고 나서 자습서와 문제집을 푸세요. 그렇게 충실하게 현행 학습을 한 다음에 고등학교 선행을 하세요. 문해력과 중학교 현행 학습이 충분하지 않은 상태에서 무리하게 나가는 고등학교 선행 학습은 사상누각에 불과합니다. 중등 시기는 눈코 뜰 새 없이 바쁜 고등학교 입학 전 마지막으로 문해력을 쌓을 수 있는 시기입니다. 시험으로 바쁘고 공부할 시간이 모자란 건 알지만 쇼츠, 릴스 조금 덜 보면 독서 시간 확보 충분히 가능합니다.

수학 일타 강사 현우진 선생님도 중학교 2학년 겨울방학 때 공부를 접고 하루 종일 닥치는 대로 읽을 수 있는 책을 모두 읽었다고 합니다. 세 달 동안 책을 무려 200권이나 읽었는데 어느 날 아버지가 읽고 계시던 신문을 옆에서 쓱 보니 한 단락이 한눈에 들어왔고 그때 '이제 공부하는 속도가 더 빨라지겠구나.'라고 생각했다고 합니다. 그 후 중학교 3학년부터는 1등을 한 번도 놓친 적이 없었다고 하죠.

1. 신문, 시사 자료 읽기

기사 요약, 찬반 토론을 통해 사실과 의견을 구분하는 훈련을 하는 게 좋습니다.

2. 심화 독서 및 토론

고전, 철학, 사회 문제 관련 도서를 읽고, 친구, 가족과 생각을 나누며 다양한 시선에서 문제를 바라보는 힘을 기릅니다.

3. 글쓰기 훈련

독후감뿐 아니라 논설문을 비롯해 비교와 분석이 중심이 되는 글을 다양하게 작성해 보며 주장을 논리적으로 전개하는 연습을 합니다. 학교에서 시행하는 다양한 활동 및 수행 평가를 통해 이런 활동을 할 수 있습니다.

5) 고등학생 ― 핵심 메시지와 출제 의도만 골라내는 눈

로드맵을 성실히 따라왔다면 웬만큼 문해력이 형성된 상태에서 고등학교에 입학하게 될 겁니다. 고등학교에 다니면서도 수없이 많은 텍스트와 다양한 지문을 읽게 되므로 얼마큼 노력을 하느냐에 따라 문해력 수준을 높일 수 있지만 어렸을 때부터 10년 이상 꾸준히 문해력을 쌓아 온 학생들의 내공을 따라가기는 쉽지 않습니다.

고등학교 3년간은 저자의 핵심 메시지와 출제 의도를 파악하는데 집중하세요. 어떤 지문을 보든 핵심 메시지를 먼저 파악하는 것을 습관으로 들이세요. 그 후 한 발짝 더 나아가 출제자의 시각으로 문제를 분석하는 겁니다. 3년 동안 이 작업을 꾸준히 하면 향상된 문해력으로 수월하게 문제의 핵심을 간파할 수 있을 겁니다. 이는 모든 시험에서 가장 중요한 능력이기도 합니다.

고등 시기 문해력 기르는 세 가지 방법

1. 비문학 집중 훈련
수능과 논술에 대비하기 위해 인문, 사회, 과학 지문을 꾸준히 읽고 핵심 요약, 비판적 분석을 훈련합니다.

2. 심층 토론과 발표 경험

독서 토론, 발표 수업, 수행 평가 준비 등을 통해 사고를 구조화하고 말로 표현하는 능력을 강화합니다.

3. 논리적 글쓰기, 논술 훈련

'주장-근거-예시' 구조로 글을 작성하며, 모의 논술 문제 풀이로 실전 감각을 익힙니다.

　영유아기부터 고등학생까지의 과정 중에 중고등학생 시기는 본인 스스로 해내는 게 맞지만, 영유아기~초등학교 시기는 부모님이 끈기를 가지고 꾸준히 아이의 습관을 만들어 주는 것이 핵심입니다. 가끔 아이가 포기하기 전에 부모님이 먼저 포기해 버리는 가정이 있습니다. 부모로서, 어른으로서, 사회인으로서 해야 할 일이 너무 많아서 시간과 체력 때문에 중도 포기를 선언하는 것이죠. 하지만 부모님이 지도를 포기해 버리면 어떤 아이가 10년의 긴 기초 공사를 전제로 이루어지는 문해력을 갖출 수 있을까요?

　가정에서 직접 지도할 수 없다거나, 학생 혼자서는 문해력을 향상하기 힘들다면 적절하게 사교육을 활용하라는 말씀을 드립니다. 맹목적으로, 맹신하면서 다니라는 게 아니라 적절하게 활용하는 게 핵심 포인트입니다. '유명한 학원, 인기 있는 독서 토론, 논술 학원만 등록하면 다 해결될 거야.'라는 단순한 믿음을 갖지 말라는 뜻입니다.

초등학교 때는 방문형 학습지 또는 주 1회 수업으로 독서 토론, 논술 학원을 활용할 수 있습니다. 중학교부터는 내신 시험을 위한 학원, 고등학교 때는 내신, 수능, 토론, 대입 면접 등 아이의 상황에 따라 다녀야 할 학원의 개수와 종류가 늘어나므로 시기별로 맞는 방법을 찾아 문해력 기초 공사에 집중해 보세요. 어떤 방법이든지 각 가정에 적합한 방법을 찾되, 포기하지 말고 10년 동안 노력해 보세요. 반드시 대입에서 성과가 나타납니다.

자동화 시스템을 갖추면
입시 12년 걱정이 사라진다

고3 끝까지 일거수일투족
뒷바라지하는 가정

—

세계적인 투자자 워런 버핏은 잠자는 동안에도 돈이 들어오는 방법을 찾지 못하면 죽을 때까지 일을 해야만 할 것이라고 말했죠. 이 말을 입시에 적용하면 이렇게 말할 수 있습니다. "아이가 열 살이 될 때까지는 '안 시켜도 알아서 잘하는' 자동화 시스템을 만들어야 한다. 그렇게 하지 못하면 고3까지 따라다니면서 뒷바라지해야 할 것이다." 그렇다면 자동화 시스템은 어떻게 시작해야 하고, 어떻게 해야 완성할 수 있는 걸까요? 열 살에 자동화 시스템을 완성한다는 건 초등학교 2학년까지는 아이의 습관을 바로 잡아야 한다는 뜻입니다. 그래서 유치원 생활 3년부터 초등학교 1~2학년까지, 총 5년 동안 습관을 교정하는 게 가장 중요합니다. 유치원 입학 전까지는 너무 어린 나이이기에 부모님의 도움이 필요하지만 유치원 때부터는 점점 스스로 하는 비중을 늘릴 필요가 있죠. 자동화 시스템을 갖추기 위해서는 역시나 부모의 노력이 필수적입니다.

우선 피곤한 날에도 포기하지 말고, 아이를 압박하지 않는 선에서 습관으로 자리 잡게 하고 싶은 행동을 하나하나 같이 해 보며 아이가 눈으로 보고 귀로 듣고 몸으로 익힐 수 있도록 도와주세요. 아이가 아직 어릴 때는 부모가 멀리서 말로만 지시하면 뭘 하라는 건지 잘 알아듣지 못하기도 합니다. 부모의 기준이 아니라, 아이의 수준과 눈높이에 맞춰서 해 주는 것이 포인트입니다. 따라서 최대한 자세하게 지도해 주셔야 합니다. 부모에게는 책가방 챙기는 것, 시간표 보고 교과서 준비하는 것, 알림장 보고 내일 준비물을 챙기는 것 같은 게 너무나 당연하고 쉬운 일이겠지만, 아이에게는 처음 해 보는 낯설고 어려운 일이거든요. 그래서 아주 친절하게 세세한 것까지 알려 주어야 합니다. 그리고 이런 것들을 아이가 한 번에 알아듣고 습관으로 만들 거라고 기대하면 안 됩니다. 최소 2~3년 정도 몸소 시범을 보여 줘야 아이들이 체화할 수 있습니다. 열 살에는 자동화 시스템이 완성될 것을 기대하며 인내심을 가지고 지도하는 게 중요합니다.

제임스 클리어는 《아주 작은 습관의 힘》에서 매일 하게 되는 행동 뒤에 습관으로 들이고 싶은 행동을 붙이면 그것이 습관이 될 가능성이 높다고 말했죠. 저는 자동화 시스템 확립에 이 원리를 적용했습니다. 아이가 유치원이나 초등학교를 다녀오면 보통 샤워부터 하게 되죠? 저는 아이가 샤워한 다음에 바로 숙제부터 하게 했습니다. 매일 하는 행동과 습관으로 들이고 싶은 행동을 붙여 패턴화하려 한 것이죠. 이것을 반복했더니 아이가 매일 저녁 하교 후에 샤워를 하자마자 바로 거실 테이블에 자동으로 착석합니다. 그러고는 바로 숙제를 하죠. 이 과정에서 '바로 누워서 휴대폰부터 볼 생각 말고 숙제부터 해!'라는 엄마의 잔소리는 끼어들 자리가 없죠. '안 시켜도 알아서 잘하는' 자동화 시스템이 바로 그런 것이니까요. 그리고 주말에는 아이가 좋아하는 유튜브 영상을 서너 개 보여 줍니다. 물론 이후에 숙제를 하도록 유도했죠. 좋아하는 일을 하나 하고 나면 해야 할 일도 하나 하는 것으로 두 행동을 붙였습니다. 이렇게 세트로 행동을 붙이고 습관으로 만들면 아이가 하기 싫다고 투정을 부리거나 안 하려고 떼를 쓰지 않고 바로 하게 됩니다.

자동화 시스템을 갖추기 위해 중요한 것이 두 개 더 있습니다. 그 중 하나는 정리하는 습관을 길러 주는 것입니다. '인생과 공부는 정리하는 만큼, 딱 그만큼만 내 것이 된다.'라고 하죠. 공부를 잘하는 원리는 사실 굉장히 간단합니다. 수업 시간에 열심히 듣고, 잊기 전에 정리해서 머리에 넣는 것인데, 여기서 바로 정리의 힘이 중요해지죠. 평소에 정리하는 습관이 들어 있는 학생은 수업 시간에 배운 것을 잘 정리해서 자신의 머릿속에 넣습니다. 매일 그렇게 하니까 사실 시험 기간에는 오히려 부담을 덜 느끼죠. 평소에 정리해 둔 게 많으니까요. 이런 습관은 평소 수업 시간은 물론이고 수행 평가에서도 매우 중요합니다. 초등학교에서 중학교로, 중학교에서 고등학교로 올라갈 때마다 학교와 학원에서 나눠 주는 숙제량도 늘어나고 수행 평가도 많아지는 데다 심지어 유인물도 많아지죠. 정리하는 습관을 갖추지 못한 학생은 매일같이 잃어버리고, 깜빡하고, 새로 나눠 줘도 또 잃어버립니다. 이런 학생은 당연히 배운 것을 복습하는 습관도 갖추기 어렵습니다. 그래서 어렸을 때부터 방 정리, 책 정리, 노트 정리, 장난감 정리, 이불 정리 등을 꾸준히 시키며 스스로 정리하는 습관을 들이는 게 매우 중요합니다. 그것부터 선행되어야 학교를 다닐 때도 필기 정리, 수행 평가 정리, 유인물 정리 등을 할 수 있고 그것을 토대로 배운 것을 복습하면서 학습 내용 정리까지 할 수 있습니다. 그렇게 되어야 내신 시험과 수행 평가를 잘 볼 수 있고 이것이 12년간 차곡차곡 쌓여야 수능도 잘 볼 수 있는 겁니다.

습관 형성에 가장 중요한 건
부모의 태도

—

자동화 시스템을 갖추기 위해 중요한 마지막 요소는 아이가 스스로 성취감을 느끼는 것입니다. 치열한 경쟁에 내신, 수행 평가, 학교생활 기록부 관리에 수능까지, 할 일이 너무 많아서 고등학생들이 불쌍하다고 말씀하시는 분들이 많습니다. 심지어 이런 경쟁적인 입시 체제가 너무 싫다면서 한국을 떠나는 사람들도 있습니다. 물론 경쟁이 치열한 것은 맞습니다. 고등학교 내신과 수능은 상대 평가 요소로 인해 경쟁이 불가피하지요. 그래서 다들 수험생이 엄청난 스트레스를 받으면서 괴롭게 수험 생활을 할 거라고 생각하십니다. 물론 그런 학생도 있겠지만 그렇지 않은 수험생도 있습니다. 매일 성장의 성취감을 맛보고 배움의 진정한 재미를 느끼면서 정진해 나가는 수험생이요. 말도 안 된다고 하실 수도 있겠지만 실제로 제가 지도했던 제자 중에서도 그런 학생을 자주 보았습니다. 그런 학생은 사고 구조부터 다릅니다. 성취감을 느낄 수 있는 환경을 제공하는 부모의 태도가 비결이라고 할 수 있지요. 그런 부모, 그런 가성의 비밀은 무엇일까요?

우선 그런 집들은 부모가 아이를 끌고 가는 게 아니라 아이가 스스로 결정하고 부모는 결정에 대한 책임감을 길러 줍니다. 즉 책임감이 동반된 자율성을 핵심 가치로 여깁니다. 그리고 결과만큼이나 과정과 태도를 강조합니다. 최선을 다했고, 그 과정에서 흐트러짐이 없었다면 결과가 다소 아쉽더라도 거기에 매몰되지 않고 보완할 점을 찾고 잘한 점은 강화합니다. 또 만약 일을 그르치더라도 잘잘못을 따져서 비난할 대상을 찾는 것보다 주어진 문제를 해결하는 것을 우선시합니다. 감정적으로 굴기 보다 건설적으로 상황을 먼저 수습하는 문화가 가정에 배어 있는 것이지요. 게다가 이러한 집들은 하루를 허투루 쓰지 않습니다. 연 단위, 월 단위로 큼직한 계획을 세워 이뤄 내기 위해서는 하루에 집중할 필요가 있죠. 정성과 노력으로 가득한 매일을 보내야 더 큰 목표를 성취할 수 있다는 걸 아이가 체감할 수 있게 도와줍니다. 마지막으로 가장 중요한 것은, 아이 이전에 부모가 먼저 실천하고 모범을 보인다는 것입니다. 부모는 가장 가까운 가족인 동시에 인생의 선배로서 자녀에게 귀감이 될 필요가 있습니다. 처음 만나는 롤 모델이기도 하지요. 그걸 아는 부모들은 아이에게 지시하기 전에 '이렇게 행동했으면' 하는 것들을 먼저 행동으로 보여 줍니다. 이렇게 성취감의 가치를 아는 가정의 아이들은 공부 방법부터 대입 정보까지 다 스스로 찾게 되지요. 왜냐하면 내 성공, 내 성취에 내 노력이 빠진다는 것은 말이 안 되기 때문입니다.

이처럼 자동화 시스템을 갖추는 데도 부모의 역할이 중요하다고 볼 수 있습니다. 아이도 부모도 편한 자동화 시스템으로 초중고 12년을 설계하시겠습니까 아니면 대학 문턱을 넘는 순간까지도 부모가 뒷바라지해야 하는 12년을 보내시겠습니까? 아이의 자율성도 부모 하기 나름이라는 것을 명심하시고 당장 집을 깔끔히 정리하는 것부터 시작하세요. 아이에게 롤 모델이 될 수 있게 노력하고, 아이가 스스로 해야 하는 것은 부모가 돕지 않는 게 오히려 아이를 돕는 일이라는 걸 기억하세요. 하나씩 습관이 되기 시작할 때 비로소 12년 걱정이 사라지는 자동화 시스템이 갖춰질 겁니다.

초중고 시기별 부모력 기르는 법

1) 초등학교

이 시기에 가장 중요한 것은 아이의 몸과 마음의 건강을 챙기는 것입니다. 아직 아이가 어리기 때문에 부모님과 함께 좋은 습관을 형성하는 시기이고 이때 형성한 좋은 습관이 중고등학교 때도 쭉 이어지기 때문에 몹시 중요한 시기입니다. 그렇기에 올바른 가정 교육을 통해 기본 인성과 생활 습관을 잘 형성하도록 지도해야 합니다. 초등 3~4학년부터는 본격적으로 학원에 다니기 시작할 텐데, 학교생활을 충실히 하지 않으면 아무리 많은 학원에 다녀도 밑 빠진 독에 물 붓는 격이라는 것을 명심하셔야 합니다. 충실한 가정 교육이 곧 충실한 학교생활을 만듭니다. 사교육은 필요할 때를 정확히 알고 활용하시길 바랍니다.

지금까지 드린 말씀을 종합하고 추가적인 조언을 덧붙여 이렇게 요약하고 싶습니다. 유명 학원 레벨 테스트 통과, 선행 학습보다는 인간의 전인적인 발달이 더 중요합니다. 그러기 위해서는 가정에서 좋은 습관을 길러 주는 것이 최우선입니다. 그리고 아이에 대한 지나치게 관용적인 태도는 오히려 아이가 학교생활에 적응하기 어렵게 합니다. 무엇보다 스마트폰 노출은 최대한 늦게 하는 것이 좋습니다. 마지막으로 몸과 마음의 조화로운 발달이 중요하므로 뛰어노는 것에 인색하면 안 됩니다.

초등 시기 부모력을 키우기 위한 세 가지 방법

1. 학습보다 생활 습관에 집중하기

일정한 수면, 식사, 독서 습관을 형성해 주는 것이 성적보다 더 중요합니다. 규칙적인 습관은 이후 학습 체력의 기초가 되기 때문입니다.

2. 긍정적인 학습 경험 제공하기

성적에 집착하지 말고 '공부=재미'라는 공식을 머릿속에 각인시켜 줄 다양한 활동을 경험하게 해 줍니다.(독서, 관찰 일기, 체험 활동 등)

3. 조건 없는 지지 표현하기

부모가 조건 없이 아이를 지지한다는 걸 표현하되 "잘했어." 대신 "너는 노력하는 사람이야."라는 말로 성취보다 과정을 칭찬합니다. 아이가 실패를 두려워하지 않게 하는 가장 큰 힘은 부모의 태도입니다.

2) 중학교

앞서 초등학교에서 언급한 방법과 대체로 동일합니다만 한 가지더 추가되는 것이 있습니다. 바로 사춘기 대처입니다. 중학교는 본격적으로 사춘기가 시작되는 시기라서 관계를 잘 유지하는 것이 중요해집니다. 그렇다고 자녀가 중학생이 되고서야 부랴부랴 잘 지내려고 하면 안 되겠죠. 어릴 때부터 원만하고 좋은 관계를 잘 유지하고 가꾸는 게 가장 좋습니다. 자녀를 진심으로 존중하고 자녀가 존경할 수 있는 부모가 되면 사춘기 중학생도 부모와 다투지 않고 사이좋게 지낼 수 있습니다.

중등 학부모님께는 이렇게 정리해서 말씀드릴 수 있겠습니다. 사춘기라는 복병에 대처하려면 어릴 때부터 좋은 관계를 유지하는 게 좋습니다. 만약 이미 사춘기가 왔는데 이제 와서 관계를 쌓기는 늦은 것 같다, 부모의 말이 별 효과가 없다 싶으면 멘토를 찾으세요. 반대로 중학교 때 사춘기가 오지 않고 평화롭게 지나가는 것 같다면 고등학교에 올 수도 있는 늦은 사춘기를 주의하세요. 또 하나 중요한 점은, 중학교 시기부터 스마트폰과의 전쟁이 심화된다는 것입니다. 성공적인 대입을 위해서라면 스마트폰과의 전쟁에서 절대 지면 안 됩니다. 중학교 시기는 무척 중요합니다. 고등학교에 가서는 주어지는 공부에 허덕이기 바쁘니 중등 3년간 기초 공사를 철저히 하셔야 한다는 걸 기억하세요.

1. 자율성 존중

과목 선택, 공부 시간 배분 등을 아이 스스로 정하게 하고 부모는 조언자 역할로서 피드백을 주는 게 좋습니다. 자기가 스스로 결정한다는 감각은 공부를 지속하는 핵심입니다.

2. 진로 탐색 지원

여러 분야의 책, 직업 체험, 멘토 연결 등을 통해 진로 탐색을 돕습니다. 중학교 시기는 진로 흥미를 넓히는 황금기입니다. 자신의 진로에 대한 명확한 비전을 확인하면 공부는 스스로 합니다.

3. 균형 잡힌 대화

성적이나 시험 얘기만 하는 게 아니라 친구 관계, 취미, 일상 이야기를 같이 나눠야 아이가 부모를 신뢰합니다.

3) 고등학교

초등학교, 중학교 때와 기본적으로는 같습니다. 다만 고등학교부터는 공부 난도가 높아지고 대입이라는 현실적인 목표가 눈앞으로 다가와서 압박감을 느끼기도 합니다. 공부를 어떻게 하라거나 방을 치우라는 등 잔소리를 할 시기는 이미 지났습니다. 자녀가 곧 성인이 될 나이라는 점을 유념하시고 인격체로서 존중해야 합니다. 이 시기에 가장 중요한 것은 '믿을 수 있는 부모 되기'입니다. 어려운 일이 생겼을 때 가장 먼저 상담을 요청할 수 있는 사람이 되라는 말이죠. 큰 결정을 앞두고 망설임 없이 상담할 수 있는 부모, 그런 부모가 되려면 초중등 시기부터 노력하셔야 합니다.

고등 학부모님을 위해서는 다음 조언을 드리겠습니다. 성적이 높으면 높을수록 대입은 단순해집니다. 또 고등학생은 생각보다 심신의 스트레스가 큽니다. 그러니 굳이 부모가 잔소리를 보태서 건강을 더 해칠 필요가 없겠죠. 스스로 목표를 정하고 꾸준히 행동으로 옮기는 인재로 성장할 수 있게 학생도, 학부모도 끝까지 겸손한 마음으로 성공적인 대입을 위해 집중하시길 바랍니다.

고등 시기 부모력을 키우기 위한 세 가지 방법

1. 심리적 안정판 역할

불안과 압박이 극대화되는 시기이므로 부모는 든든한 후방이 되어야 합니다. 아이가 힘들 때 조언보다 공감이 먼저입니다.

2. 현실적 전략 지원

수시 모집, 정시 모집 등 입시 제도는 부모가 어느 정도 파악하고 있어야 자녀와 대화가 됩니다. 자녀는 공부하기도 바쁘기에 부모

가 대입에 대한 전체적인 정보와 전략을 파악하고 자녀와 함께
전략을 짜면 실질적인 도움을 줄 수 있습니다. 다만 선택은 자녀
스스로 할 수 있도록 합니다.

3. 결과보다 과정 존중

합격과 불합격, 성공과 실패라는 결과보다 '너는 끝까지 해냈다.'
라는 메시지를 줘야 아이의 자존감을 지킬 수 있습니다.

5,000권의 책이 있던 집,
늘 독서하던 부모님

신○진

서울대 서양사학과, 경영학과 졸업
글로벌 IB 뉴욕 본사 합격

Q1. SKY에 합격한 비결이 무엇인지 궁금합니다.

제가 SKY에 합격할 수 있었던 가장 큰 비결은 수업을 당일에 복습하는 습관이었습니다. 벼락치기 대신 매일 복습하는 걸 원칙으로 삼고 단권화, 오디오북, 인강 등 다양한 방식으로 복습을 꾸준히 이어 갔습니다. 특히 쉬는 시간을 활용해 짧게라도 복습하며 교과 지식을 탄탄히 쌓았습니다.

Q2. SKY 합격에 도움이 된 나만의 공부 방법이 있을까요?

저는 직접 시험지를 만들어 푸는 방식이 가장 효과적이었습니다. 외국어처럼 암기량이 많은 과목은 실수가 잦아 헷갈리는 부분 위주로 문제를 제작했고, 시험 1주 전부터 매일 모의시험과 오답 정리

를 반복했습니다. 암기 과목은 3단계로 난도를 나누어 제작해 마지
막엔 빈칸형까지 만들며 암기의 정확도를 끌어올렸고, 실제 시험에
서도 안정적으로 성과를 냈습니다.

[개별 질문] #부모력

Q1. 부모님의 어떠한 교육 철학, 습관이 훌륭한 성장에 결정적이었다고 생각하나요?

어릴 때부터 집에 약 5,000권의 책이 있었고, 아버지가 독서하시는
모습을 보며 자연스럽게 습관을 기를 수 있었습니다. 또한 부모님
은 실패해도 괜찮으니 도전해 보라고 늘 응원해 주셨고, 덕분에 새
로운 기회 앞에서 주저하지 않을 수 있었습니다. 이러한 도전을 중
시한 교육 철학이 제 학업과 커리어의 밑거름이 되었습니다.

Q2. 자식 이기는 부모 없다고 하죠. 사춘기 때 부모님께서는 어떻게 하셨는지가 궁금합니다.

저는 사춘기를 비교적 무난하게 보냈는데, 부모님께서 성적이나 성
취에 과도한 기대를 두지 않으신 덕분이라고 생각합니다. 스트레스
를 많이 받는 편이었지만, 무리할 때마다 오히려 부모님께서 휴식
의 중요성을 강조해 주셔서 컨디션을 관리하며 공부 효율을 높일
수 있었습니다.

'공부가 가장 쉬웠'던 환경을 만들어 주셨다는 것

이○주

프린스턴대학교 전기전자컴퓨터공학과 재학 중

Q1. 해외 명문대에 합격한 비결이 무엇인지 궁금합니다.

저는 미국에서 유년기를 보낸 뒤 한국에서 사립초와 공립중을 거쳐 국제 학교로 전학해 미국 입시를 준비했습니다. 한국과 미국 교육의 가장 큰 차이는 수업 집중도였고, 국제 학교에서는 학생들의 참여도가 특히 높았습니다. 저 역시 수업에 집중하는 것을 가장 중요하게 생각하며 사교육이나 개인 공부도 수업의 연장으로 여겼습니다. 또한 미국 입시는 성적뿐 아니라 활동과 에세이, 스토리가 중요해 '나는 어떤 사람인가?'를 꾸준히 고민했습니다.

Q2. 프린스턴대 합격에 도움이 된 나만의 공부 방법이 있을까요?

전 어떤 과목이든 이론과 개념 이해를 가장 중요하게 생각했습니다.

단순 암기나 문제 풀이보다는 내용을 정확히 이해해 내 것으로 만드는 데 집중했고, 자기 주도적으로 개념을 익힌 후 기본 문제부터 기출, 심화 문제로 확장하며 공부했습니다.

[개별 질문] #부모력

Q1. 부모님의 어떠한 교육 철학, 습관이 훌륭한 성장에 결정적이었다고 생각하나요?

부모님은 어릴 때부터 스스로 공부하는 능력을 강조하셨고, 그 덕분에 학원 대신 다양한 활동과 탐구 시간을 통해 저만의 공부 방식과 요령을 익힐 수 있었습니다. 또한 집중을 방해하는 요소를 멀리하라는 가르침대로 휴대폰 없이 초중등 시절을 보내며 학업과 자기계발에 집중했고, 그 시간이 큰 자산이 되었다고 생각합니다.

Q2. 자식 이기는 부모 없다고 하죠. 사춘기 때 부모님께서는 어떻게 하셨는지가 궁금합니다.

부모님은 소통과 논리를 중시해 혼을 내실 때도 감정적으로 대응하기보다 혼내는 이유와 보완 방법을 자분히 설명해 주셨습니다. 사춘기 땐 반발심이 들기도 했지만, 돌아보면 두 분 모두 성숙한 태도로 저를 이끌고자 하셨음을 느낍니다. 이러한 일관된 교육 덕분에 저 역시 상황을 논리적으로 바라보는 습관을 갖게 되었습니다.

#목표지향력

목표가 안 보이는데
무작정 달리면 고꾸라진다

우리가 초행길을 운전할 때 목적지 주소를 내비게이션에 입력하지 않는다고 상상해 보세요. 지금 내가 맞는 길을 가고 있는지 계속 불안하고, 갈림길에서 어떤 선택을 해야 할지 쉽게 판단할 수 없을 겁니다. 제대로 가고 있는 것 같다가도 금세 길이 헷갈리고, 어디쯤 와 있는지조차 감을 잃겠죠. 학생들도 목표가 흐릿하면 이와 같은 혼란을 겪게 됩니다. 머릿속에 목적지기 분명해아 지금의 방향이 올바른지, 중간에 나오는 신택지들 가운데 무엇을 택해야 하는지 선명하게 판단할 수 있습니다. 상담을 하다 보면 많은 학생이 특별한 목표 없이 닥지는 대로 공부를 한다는 걸 알게 됩니다. 그러다 보니 조금만 힘든 순간이 오면 쉽게 포기하게 되죠. 뚜렷한 목표는 어려운 순간을 견디게 하는 힘이 됩니다. 목표라는 기준이 있어야 그 기준에 맞추어 어떤 길을 선택해야 할지 고민할 수 있고, 결국 그 방향성이 있어야 장기적인 여정을 끝까지 이어갈 수 있는 것입니다. 우리가 가고자 하는 목표 지점은 때로는 멀고 험난한데, 혼란스러운 선택들이 쌓이면 더 멀게 느껴질 수도 있습니다.

1,000km를 운전한다고 가정해 보세요. 내비게이션 없이 그냥 되는 대로 운전한다면 목적지까지 얼마나 걸릴지 알 수 없고, 갈림길을 만날 때마다 오른쪽인지 왼쪽인지 매번 머뭇거리게 됩니다. 유턴이 가능한지 아닌지, 밤이 되면 쉬어야 하는지 계속 가야 하는지 판단하기조차 쉽지 않습니다. 이런 불확실성이 지속되면 목적지에 도착하는 것은 거의 불가능해집니다. 반면 최종 목적지가 명확하면 판단은 훨씬 쉬워지고, 어려운 구간이 나타나도 흔들리지 않습니다. 이 방향이 맞다는 확신이 있으면 어두운 터널이 나타나도 끝까지 밀어붙여 결국 통과할 수 있게 됩니다.

잘 설정한 목표는
합격의 고속도로

그렇다면 목표가 뚜렷한 학생들은 어떻게 SKY를 쟁취했을까요?

서울대 의대를 학종으로 합격한 한 학생의 사례를 살펴보겠습니다. 서울대 의대는 정원 내 전형으로 수시 96명, 정시 39명으로 총 135명을 선발합니다. 이 중 수시 모집 96명은 지역 균형 전형 39명, 일반 전형 50명, 기회 균형 특별 전형 7명으로 나누어집니다. 그러니 서울대 의대 수시에 합격하기 위해서는 전국의 수많은 수험생 중 일단 96명 안에 들어야 한다는 것을 인지하고, 무엇보다 내신 성적이 절대적으로 중요하다는 사실도 명확히 이해하고 있어야 합니다. 이 학생은 이 점을 누구보다 선명하게 인지했고, 최우선 과제를 '내신 1점 극초반 받기'로 설정했습니다.

고등학교 1학년 1학기부터 고등학교 3학년 1학기까지, 총 5학기 동안 전 교과에서 1점 극초반 내신을 받기 위해 전략적으로 접근했습니다. 당시 내신 체계는 9등급제였고, 상위 4%만 1등급을 받을 수 있었습니다. 재적 인원 258명의 일반고에서 상위 4%는 전교 10등 안에 든다는 걸 의미했죠. 그러나 진짜 목표가 '1점 극초반'이었기 때문에 단순히 전교 10등 안에 드는 것으로는 부족했고 전교 1~2등을 유지해야 했습니다. 이 학생은 그러한 목표를 중심으로 학습 전략을 세우고 그 기준에 맞춰 하루하루를 설계했습니다. 그 결과 5학기 동안 내신 1.00이라는 완벽한 성취를 이루어 냈고, 서울대 의대에 학생부 종합 전형으로 합격했습니다.

이 학생의 이야기는 목표지향력의 본질을 가장 잘 보여 줍니다.

목표가 뚜렷하니까 매일, 매시간 해야 할 일이 분명했던 거죠. 게으름을 피울 겨를조차 없고 주어진 일에 매진할 수밖에 없는 겁니다. 목표를 이루려면 남들보다 독보적이어야 한다는 걸 아니까요. 결국 꾸준히 제일 많이, 성실하게 한 끝에 만족할 만한 성과를 거둘 수 있었습니다. 이렇듯 목표가 뚜렷하면 실행 과정도 명확해집니다. 이 학생의 목표 설정과 실행 과정을 정리하면 이렇겠죠.

1. 학생부 종합 전형으로 서울대 의대에 합격하는 것을 목표로 잡는다.
2. 전국 상위 50명 안에 들 실력을 쌓고 성적으로 증명한다.
3. 고1~ 고3 5학기 동안 전교 1~2등을 유지한다.
4. 배운 내용은 그날 복습하며, 모든 과목은 주말 안에 정리한다.
5. 중간고사나 기말고사는 한 달 전부터 준비한다.
6. 수행 평가를 충실히 수행해 교과 세특에서 학업 역량을 증명한다.
7. 자율, 진로, 동아리 활동을 통해 진로 역량과 전공 적합성을 보여 준다.
8. 행동 특성 및 종합 의견에서 공동체 역량이 잘 드러나도록 학교생활에 책임감을 가지고 임한다.
9. 매일 저녁 6시부터 밤 12시까지 자기 주도 학습 시간을 확보한다.
10. 주말에는 최소 열두 시간씩 공부에 집중해 평일 학습량을 보완한다.
11. 시험 기간이 아닐 때와 방학에는 최저 등급을 맞추기 위해 수능 공부에 집중한다.
12. 필요한 과목만 사교육을 부분적으로 활용한다.
13. 이 패턴을 예외 없이 3년간 유지한다.

날카롭고 뾰족한
목표 의식의 힘

여러분은 목표 의식을 가지고 살고 계신가요? 생각보다 별다른 목표 없이 되는 대로 하루를 살아가는 사람들이 많습니다. 그렇게 사는 게 나쁜 건 아닙니다. 매일 감사한 마음으로 만족하면서 살아간다면 그만큼 행복하고 근사한 삶이 없지요. 이 삶의 방식을 학생들에게 적용해볼까요? 특별한 목표가 없더라도 매일 감사하며 행복하고 충실하게 살아가는 학생들은 결과도 좋기 마련입니다. 하지만 어린 나이부터 그런 삶의 태도를 지니기란 어려운 일입니다. 아직 미숙하기도 하고 질풍노도의 시기를 거치기도 하니까요. 평온하고 정적인 삶을 누리기엔 아직 어리다면, 차라리 또렷한 목표 의식을 가지고 계획적으로 사는 것이 더 낫겠지요. 하지만 많은 학생이 또렷한 목표는 고사하고 그냥 잡히는 대로 공부하거나 남들이 하니까 그냥 하는 경우가 많죠. 흐릿하게나마 목표를 가지고 있는 학생도 생각보다 많지 않습니다. 그냥 학생이니까, 학교에 가야 하니까, 학교에 있으면 수업을 하니까, 듣고 공부하는 '척'만 하면서 주도적으로 공부를 하고 있다고 착각하는 학생들도 제법 됩니다. 그렇기 때문에 날카롭고 뾰족하게 벼린 목표 의식이 차별화 포인트가 되는 겁니다.

목표를 설정하고 목표 의식을 갖는 건 생각만큼 어렵지 않습니다. 평소에 누군가 동경하거나 부러워한 사람이 있으셨나요? 내게 그 사람을 닮고 싶은 열망이 있는 겁니다. 롤 모델로 삼고 싶은 거죠. 그런 방식을 참고해도 좋습니다. 실제로 목표를 세울 때 가장 먼저 던져야 하는 질문은 "내가 되고 싶은 모습은 무엇인가?"입니다. 단순히 명문대 입학을 바라는 것인지, 특정 전공을 깊이 있게 공부하고 싶은 것인지, 그 전공을 바탕으로 어떤 직업과 어떤 삶을 꿈꾸는지 스스로 차근차근 물어야 합니다. 이러한 문답 과정은 시간도 많이 걸리고 때로는 스스로에 대한 깊은 성찰을 요구하지만, 목표 의식을 선명하게 만들어 주죠. 첫 질문 이후로 이어진 질문 세례가 끝나면 마지막으로 한 가지 핵심 질문이 남습니다. "그런 사람이 되기 위해 지금의 나는 무엇을 해야 하는가?" 내가 꿈꾸는 모습이 명확할수록 매일 해야 할 일이 선명해지고, 해야 하는 이유가 분명해지기 때문에 늦은 밤이나 피곤한 순간에도 다시 책상으로 돌아오게 됩니다. 목표 의식은 미래를 비춰 주는 나침반인 동시에 지금 해야 할 일을 안내하는 가장 현실적인 지침입니다.

'나는 ○○대학교 ○○학과에 진학해서 ○○분야의 전문가가 되기 위해 매일 ○○○을 성실히 해야 하고 부지런히 공부하고 다양한 경험을 쌓는다. 그다음 ○○한 인생을 산다.'

그런 목표 의식에 불타오르면서 살아가는 고등학생은 그렇지 않은 학생과 비교했을 때 역경과 시련을 극복하는 힘이 다르다고 생각합니다. 무엇보다 목표에 대한 구체적인 생각을 자주 하다 보면 목표 의식이 점점 더 뚜렷해지고 그렇게 되면 실천력과 행동력 자체가 달라집니다. 매일 매일 목표를 향해 정진하는 나 자신을 발견하게 될 겁니다. 눈에 선명하게 그려질 정도의 목표 의식, 손에 생생하게 잡힐 정도로 분명한 목표 의식이 있는 학생들은 졸음이 몰려와서 고개를 까딱일 때도 결코 쓰러지지 않으며 오히려 다시 정신을 차리고 벌떡 일어날 정도로 강력한 행동력을 가지게 됩니다. 그냥 공부하지 말고 송곳보다 더 뚜렷한 목표 의식을 가질 수 있도록 노력해 보세요. 하루가 달라지고, 일주일이 달라지고, 한 달이 달라지면 결과는 당연히 달라집니다.

목표를 시각화하는
가장 쉬운 방법

그런 학생들이 목표를 어느 정도까지 세부적으로 세우고 실천하는지 알려 드리겠습니다. 우선 스케줄러 또는 플래너를 쓰는 것은 기본 중의 기본입니다. 그걸 쓰지 않으면 놓치는 게 생기기 마련이지요. 수많은 과제, 수행 평가와 자율, 진로, 동아리 활동 등을 다 합치면 정기적으로 챙겨야 하는 일정이 매년 스무 가지 이상일 겁니다. 과제의 종류, 분량, 양식, 마감 기한 등 세세하게 챙겨야 할 것도 많기에 꼼꼼히 관리해야 하죠. 그 학생들은 시간 단위로 계획을 세우는 걸 어려워하지도 않습니다. 일단 주말을 늦잠 자도 되는 날이라고 생각하지 않죠. 점심때가 되어서야 느지막이 기상하지 않습니다. 잠을 잘 자는 게 컨디션에 얼마나 중요한지 잘 알기에 매일 일곱 시간 정도 수면 시간을 일정하게 확보하고 주말에도 루틴을 이어 갑니다. 그리고 당연한 얘기지만, 결코 휴대폰에 지배당하지 않습니다. 내가 바라는 이상과 목표가 이렇게나 뚜렷한데 휴대폰으로 무의미한 컨텐츠를 소비하는 것에 매달릴 이유가 없습니다. 자신의 미래를 위해 학업을 충실히 해 나가는 것이 더 유의미하고 보람차다는 것을 이미 온몸으로 느꼈기 때문에 그런 유혹에 흔들리지 않습니다. 많은 이가 수험 생활이 괴롭기만 할 줄 알지만 실제로 최상위권 학생이 좌절과 고통만큼이나 많이 느끼는 감정은 보람과 성취감입니다. 그걸 시작으로 선순환의 궤도에 타면 강력한 목표지향력이 갖춰질 것입니다.

'이것만 하면', '저것만 되면'
나를 위한 일에 조건은 필요없다

저는 제가 만나는 학생들에게 성적보다 먼저 물어보는 게 있습니다. 뭐가 되고 싶은지, 어떤 사람이 되고 싶은지를 물어보죠. 물론 현재의 성적과 전국 등수도 중요하지만 그건 말 그대로 지금 당장의 위치일 뿐입니다. 만약 내적 동기 부여를 확실히 하여 목표 의식이 뚜렷해지면 위치는 언제든 달라질 수 있습니다. 이처럼 모든 아이가 자기만의 잠재력과 능력을 내재하고 있다는 걸 알고, 그걸 밖으로 끌어내는 것이 진정한 교육이라고 생각합니다. 그리고 아이들의 인생 첫 번째 선생님은 바로 부모입니다. 부모는 인생의 선배이자 멘토이기도 하죠. [educate 교육하다]는 [ex 밖으로] + [duc

이끌다] + [ate 동사]로 만들어지는 단어입니다. 그래서 저는 아이들이 각자 자기의 꿈이나 이상, 목표 등을 말하면 매일 잠들기 전, 그것이 이루어진 나의 모습을 생생하게 상상해 보라고 말합니다.

예를 들어 저는 영어 교사가 되는 게 정말 간절한 꿈이었고, 고등학교 시기 내내 잠들기 전에 교단에서 멋지게 영어 수업을 하는 제 모습을 상상하면서 잠들었습니다. 그 당시에는 '끌어당김의 법칙'이 무엇인지도 모르고 그렇게 간절히 상상했죠. 끌어당김의 법칙은 간단합니다. 생생히 꿈꾸면 이루어진다는 것이죠. 대표적인 방법으로 긍정 확언과 긍정적 자기 암시가 있습니다. 저는 그걸 누가 가르쳐 준 것도 아닌데 매일 열심히 공부하고 밤에 잠들 때는 꿈을 이룬 내 모습을 상상하며 행복하게 잠들었습니다. 그럼 행복한 기분으로 잘 수 있는 건 물론이고 다음 날 또 온종일 열심히 공부할 원동력이 되었죠. 여기서도 일종의 선순환이 생기는 겁니다. 이와 같은 선순환을 찾아내는 것이 매우 중요합니다. 그런 작은 선순환들이 모이면 고등 시기에 마주칠 많은 힘든 일을 이겨 내고 3년 동안 앞으로 나아갈 수 있는 긍정과 자기 확신의 힘을 얻게 됩니다.

저는 제가 경험해 보았기 때문에 학생들에게도 단순히 어느 대학, 무슨 과에 갈 긴지, 성적은 어느 수준까지 올릴 건지 기계적으로 응대하지 않고 이미지 트레이닝을 통해 급이 다른 동기 부여를 할 수 있게 돕습니다. 거기에는 자아상, 자신에 대한 믿음이 중요합니다. 그리고 그만큼의 행동과 실천도 필요합니다. 매일 꾸준히 실천하며 자신이 생각하는 이상적인 자아상에 서서히 다가갈 때 자아효능감과 자신감은 저절로 생깁니다. 그러므로 오늘부터 반드시 '되고 싶은' 나의 모습을 구체적으로 생생하게 떠올리고 그 모습에 가까이 다가가기 위해서 치열하게 노력하세요. 노력에 뒤따르는 뿌듯함과 자랑스러움을 실제로 느껴 봐야 이것저것 조건을 붙이지 않고도 알아서 실천하는 동기 부여가 완성됩니다.

우회로처럼 보여도
이게 최단 경로입니다

실제로 제가 담임 교사로 가르쳤던 학생 중에서도 그런 학생이 있었죠. 그 학생은 서울대학교 자유전공학부에 가고 싶어 했습니다. 학부 홈페이지에 자주 들어가 보고 어떤 교수님이 계시는지, 그 학부에 다니는 학생들은 무엇을 배우는지, 대학교 2학년 때 어떤 전공을 선택할 수 있는지 등을 자주 체크하곤 했죠. 누군가는 그 학생더러 그건 합격한 후에나 살펴보고 지금은 그 시간에 공부를 더 해서 서울대에 합격할 성적을 받는 데 집중하라고 충고할지도 모르겠습니다. 하지만 저는 이 학생의 사고방식과 행동 패턴이 옳다고 생각했습니다. 자신이 진학하고 싶은 대학과 학과를 반복해서 탐색함으로써 진학과 진로의 방향성을 매우 명확하게 잡을 수 있었고 이미 그 대학에 재학 중인 것처럼 상상하며 사고의 수준도 거기에 맞추려 무의식적으로 노력했기 때문입니다. 예를 들어 수행 평가에서 '자신의 진로와 관심사에 맞는 책을 읽고 친구들과 토론할 주제를 정해 오시오.'라는 과제를 받은 경우, 저렇게 목표와 동기 부여를 위해 훈련하며 사고 수준을 높인 학생이라면 '서울대 자유전공학부 교수와 입학 사정관이라면 어떤 책에 대해서 흥미로워할까?'라든가 '서울대 자유전공학부 학생들은 어떠할까?' 같은 관점에서 주제를 정하고 몰입할 수 있기 때문에 유리합니다. 그리고 그것에 대해 억지 흥미가 아니라 진짜 흥미와 연구 동기를 가질 수 있기 때문에 책을 읽어도 허투루 읽지 않게 됩니다. 제대로 된 활동을 하고 학교 생활 기록부에 기록되는 것이지요. 경쟁력을 갖는 포인트를 하나 더 추가하는 것은 물론이고요. 내가 원하는 위치에 이미 와 있다고 생각하는 학생, 그 위치에 반드시 도달해야 한다고 생각하는 학생은 공부할 때도, 문제를 풀 때도, 발표할 때도 절대 대충하지 않습니다. 그 수준에 도달한 사람처럼 사고하고 말하고 행동하면 당연히 결과치가 달라지겠죠.

공부 로드맵도 못 짜는데
인생의 방향성이 잡힐 리가 없다

과목별 공부 방법, 학년별 공부 로드맵에 대한 책과 강의는 넘쳐 납니다. 그런데 놀라운 사실은 아무리 잘 정리된 로드맵을 알려 줘도 실제로 따라 하는 학생이 10%도 되지 않는다는 점입니다. 그중에서도 꾸준히 3년 이상 실천하여 자신의 것으로 만드는 학생은 1%뿐입니다. 결국 1%만 성과를 내는 이유도 여기에 있습니다. 대부분 성과는 원하지만, 지루하고 반복적인 과정을 견디지 못하기 때문입니다. 그러나 공부든 일이든 성공의 원리는 동일합니다. 처음에는 별 볼 일 없어 보이는 일들을 묵묵히, 반복적으로, 최소 3년은 견뎌야 비로소 성과가 나타나기 시작합니다. 또한 사람마다 잘 맞는 공부 방법, 교재, 선생님, 공부 로드맵은 모두 다릅니다. 그래서 외부에서 누군가에게 완벽히 맞는 로드맵을 제시하는 것은 매우 어렵습니다. 하지만 중요한 사실이 있습니다. 인생의 방향성과 목표 의식이 분명한 학생들은 스스로 해답을 찾는다는 것입니다. 시행착오를 겪으며 자신에게 최적인 방식을 확립하고, 자연스럽게 본인만의 공부법과 전략을 만들어 냅니다. 그래서 결국 핵심은 인생의 방향성과 목표 의식이라고 할 수 있습니다. 이것만 분명하다면 공부 방법, 교재 선택, 시험 대비 전략은 스스로 체득하게 됩니다.

'나는 이런 사람이 되고 싶다. 나는 이런 직업을 갖고 일하며 살아가고 싶다. 나는 ○○대학교에서 ○○을 전공하고 싶다. 그러기 위해서는 고등학교 시절 ○○을 이루어야 하고, 올해는 ○○을 달성해야 한다. 그러므로 이번 달에는 ○○을 완수해야 하며 오늘은 반드시 ○○을 끝내야 한다.'

목표가 뚜렷한 학생들은 이런 사고의 흐름을 자연스럽게 경험합니다. 미래의 목표가 오늘의 행동으로 내려오는 구체적인 경로가 선명한 것입니다. 학생들에게 이렇게 묻고 싶습니다. 지금 무엇을 목표로 공부하고 있나요? 이렇게 노력해 공부하는 분명한 이유가 있나요? 학부모님들 중에 이렇게 말하는 분이 있습니다. "저희 아이는 열심히 하는 것 같은데 결과가 안 따라 줘요. 그래서 너무 안타까워요." 학생들 역시 비슷한 고민을 털어놓습니다. "저는 잠도 덜 자고, 휴대폰도 거의 안 보고 최선을 다한다고 생각하는데 결과는 만족스럽지 않아요. 노력 대비 성적이 나오지 않아서 허무할 때가 있어요." 이런 학생들을 자세히 관찰해 보면 공통점이 있습니다. 스스로 원해서 하는 '순도 100%의 공부'가 거의 없다는 것입니다. 하기 싫지만 해야 하니까, 안 하면 불안하니까, 좋은 대학에 가야 한다고 하니까, 혼자는 못 하겠고 학원은 보내 주시니까, 흥미는 없지만 수행 평가니까, 이런 이유들이 공부의 원동력이 됩니다. 많은 학생이 이렇게 묻습니다. "하기 싫어도 꾸준히 하면 결국 결과는 나오지 않나요?" 그러나 실제로는 다릅니다. 원해서 하는 공부는 목표와 연결된 깊은 집중을 만들어 냅니다. 내가 원하는 삶으로 한 걸음 나아가는 과정이기 때문에 정성과 몰입이 자연스럽게 따라옵니다. 반면 억지로 하는 공부는 시험이 끝나는 순간 절반 이상이 사라지고, 수행 평가로 했던 활동이나 읽었던 책도 시간이 지나면 기억나지 않습니다. 처음엔 하기 싫어도 의지를 갖고 뭐든 하는 게 맞지만 결국 과정에 자기 주도성이 없으면 안 되는 거죠. 모의 면접에서 "제가 그런 활동을 했었나요?"라고 답하게 되는 이유도 여기에 있습니다. 대학 교수님들은 이 차이를 모를까요? 저는 서류 단계에서도 드러나며, 면접에서는 더욱 명확하게 보인다고 생각합니다.

공부를 아예 안 하는 것보다
하는 '척'하는 게 더 나쁘다

—

태도를 보면 더 분명합니다. 앉아 있는 시간은 길지만 공부하는 '척'만 하는 학생들이 있습니다. 학원이나 스터디 카페에 하루 종일 나가 있지만, 실제로는 공부하는 것도 쉬는 것도 아닌 모호한 상태로 시간을 보냅니다. 그러면서 하루 종일 공부했는데 성적이 안 나오는 이유를 모르겠다고 말합니다. 공부는 순도 100%로 전념해서 해야 합니다. 이것은 단지 성적 문제가 아니라 자신의 인생을 대하는 태도의 문제입니다. 지금 자신의 배가 어떤 위치에 있는지, 동력은 얼마나 남았는지, 바람과 날씨는 어떤지, 체력은 어느 정도인지 객관적으로 판단해야 합니다. 그래야 올바른 방향을 선택하고 100%의 힘으로 앞으로 나아갈 수 있습니다. '하는 척'하기 위한 공부, 보여 주기 위한 공부, 의존적인 공부가 아니라 스스로 사고하고 선택하는 진짜 공부를 해야 합니다. 인생의 방향성이 뚜렷한 학생들은 공부 로드맵이 확실합니다. 목적지로 가는 길이 뚜렷한데 엄한 길로 접어들어 헤맬 이유가 없죠. 고1부터 고3까지 학년별로 무엇을 해야 하는지, 과목별로 어떤 방식으로 공부해야 하는지 스스로 계획하고 실천하며 점검합니다. '계획-실천-피드백'의 구조를 제대로 운영하는 학생은 사고 수준과 공부 실력이 함께 성장합니

다. 결국 모든 면에서 실력이 향상되는 건 당연한 일이겠죠. 그러므
로 학생 스스로 인생과 진로의 방향성, 학업과 공부 로드맵을 주체
적으로 세워 나가길 바랍니다.

남들 후회할 때 앞서 나가는
최상위권만의 행동

공부에서 집중력은 단순히 '잠깐 몰입하는 능력'이 아니라, 학습 효율을 결정짓는 핵심 역량입니다. 이유를 두 가지로 나누어 볼 수 있습니다. 첫째, 집중해서 공부하면 시간 대비 효율이 극대화됩니다. 집중력이 높을수록 같은 시간을 투자해도 더 많은 정보를 흡수하고 이해할 수 있습니다. 예를 들어, 한 시간 동안 산만하게 공부하면 실제로는 30%도 안 되는 양만 머릿속에 남습니다. 반면 집중하여 몰입한 상태가 되면 외부 자극이 차단되어 정보 처리 속도와 기억력이 급격히 향상됩니다. 즉, 공부 시간의 길이보다 집중의 질이 성적을 결정합니다. 다른 말로는 장기 기억으로의 전환을 돕는 것이지요. 집중력은 단기 기억을 장기 기억으로 옮기는 데 필수적입니다. 집중하면 뇌의 해마가 활성화되어 기억을 안정적으로 저장합니다. 결국, 얼마나 오래 기억하느냐는 집중력의 깊이에 달려 있습니다. 둘째, 성취감의 선순환을 만들 수 있습니다. 집중해서 공부하는 경험은 '나는 할 수 있다.'라고 생각하게 해 효능감을 강화합니다. 한 번의 몰입 경험은 다음 공부에도 긍정적인 기대를 줍니다. 반대로 쉽게 산만해지면 '나는 원래 집중을 못 해.'라는 부정적 자기 인식이 형성됩니다. 꾸준한 집중 습관은 통제력과 동기 부여의 핵심 기반이 됩니다. 하지만 요즘은 쇼츠 등의 영향인지 유독 산만한 학생들이 많죠. 어떻게 하면 산만하게 굴지 않고 공부에 집중할 수 있을까요? 초중고 시기별 집중력 향상 실천 방법을 안내해 드리겠습니다.

초중고 집중력
마스터 플랜

우선 초등 시기는 기초 집중력이 형성되는 시기이므로 짧고 명확한 목표를 세우는 것이 적당합니다. 예를 들어 '10분 동안 수학 세 문제 풀기'처럼 작고 구체적인 목표를 제시합니다. 초등학생에게 고등학생처럼 오랜 시간 집중하도록 요구하는 것은 애초에 가당치 않은 일이지요. 아이가 최대한 집중할 수 있는 시간이 10분 남짓밖에 안 되는데 부모는 30분 이상 집중하기를 원한다면 어떨까요? "너는 왜 이렇게 산만하고 집중력이 없니?"라는 말을 자주 하게 될 겁니다. 부모로부터 그런 말을 자주 들은 아이는 스스로를 집중력이 떨어지는 사람으로 정의하겠죠. 그러므로 화가 난다고 해서 부모님이 그런 말을 반복적으로 해서는 안 됩니다. 초등학생도 성취 경험이 쌓이면 집중력이 자연스럽게 늘어납니다. 둘째, 시각적 자극을 줄이기 위해 정리를 해야 합니다. 책상 위는 교과서, 연필, 지우개 정도만 두고 정돈된 공간을 만듭니다. 시각적 정돈은 뇌의 불필요한 에너지 낭비를 막습니다. 셋째, 놀이 기반 몰입 훈련을 활용하면 좋습니다. 아이와 함께 퍼즐, 블록, 미술, 악기 등 손과 눈을 함께 사용하는 놀이를 즐기며 집중 지속력을 키워 주세요. 재미 속의 집중 경험이 자연스레 학습 집중으로 이어질 겁니다. 특히 초등 저학년은 본래 오래 집중하기 어려운 나이기도 하거니와 문제집을 푼다거나 하는 학습에 기반한 방법으로 집중 시간을 늘리기에도 아직 어렵습니다. 아이의 발달 속도에 맞는 방법을 사용하시는 게 좋습니다.

중등 시기는 집중하는 습관을 확립하는 시기이므로 다음 세 가지를 훈련해 보세요. 첫째, 시간 단위 학습 루틴을 만들어 보세요. 대표적인 방법으로는 '25분 집중 + 5분 휴식'의 사이클로 계획을 세우고 실천하게 하는 포모도로 방식이 있죠. 초등학생보다는 낫지만 중학생도 질풍노도의 시기이고 정서적으로 아직 불안정한 시기이므로 긴 시간 집중하기는 어려운 나이입니다. 그리고 짧게 끊어 반복하면 피로 누적 없이 집중을 유지하는 게 가능합니다. 둘째, 디지털 디톡스 시간을 확보하는 것이 중요합니다. 저는 늘 스마트폰에 지배당하지 않는 것만으로도 대입의 절반은 성공한다고 강조합니다. 고등학생들은 대입 시험이 코앞이다 보니 다들 어느 정도 급한 마음이 있기 때문에 부모가 닦달하지 않아도 스스로 스마트폰과 이별을 고하는 학생들이 종종 있습니다만, 중학생의 경우 교우 관계가 가장 중요하게 느껴지는 시기이고 아직 대입까지 시간적 여유가 있어서 스마트폰, SNS, 게임에 중독되기 쉬운 나이입니다. 스마트폰을 시야에서 완전히 치우거나, 일정 시간 비행기 모드로 설정하여 디지털 디톡스를 매일 실천합니다. 셋째, 하루 한 번 온전히 집중하는 루틴을 만듭니다. 뇌는 한 번 산만해지면 원래 상태로 돌아오기까지 15~20분이 걸립니다. 하루 한 번 깊이 집중하는 훈련을 하여 매일 같은 시간에 방해 없는 환경에서 공부하는 습관을 키웁니다. 이러한 루틴을 일정한 시간에 반복하면 뇌의 집중 신호가 자동화되어 공부에 집중할 수 있습니다. 어떤 학생은 오전에 집중이 잘된다고 합니다. 그런 학생은 스마트폰을 담임 선생님께 제출한 후 1교시가 시작되기 전의 15~20분을 온전히 집중하는 시간으로 삼는 걸 루틴화하여 고도의 집중 상태를 만든 다음 1교시 수업에 임하는 게 좋겠죠. 그렇게 하면 1교시부터 바른 자세와 살아 있는 눈빛으로 수업을 들을 수 있습니다. 반대로 아직도 잠이 깨지 않아 비몽사몽 헤매고 있는 학생은 오전 내내 잠에서 허우적대다가 아무것도 배우지 못한 채 점심을 먹으러 갑니다. 나 자신이 아침형, 오전형, 오후형, 저녁형 중 어떤 유형인지 파악하는 것이 중요한데요. 장기적으로 보았을 때 중고등학교의 모든 내신 시험이 오전 9시에 시작되고, 수능은 오전 8시 40분에 시작하니 오후형, 저녁형 인간이더라도 아침형 인간이 되도록 노력해 보라고 권합니다. 아침형까지 되기 힘들다면 최소한 오전형 인간이라도 되어야 시험 시작과 동시에 집중력을 발휘할 수 있습니다.

고등 시기는 고난도 몰입기라고 할 수 있는데, 가장 중요한 시기입니다. 첫째, 목표와 연결된 공부 이유를 명확히 하는 게 중요합니다. "이 과목은 내 전공 진로와 연결돼."라거나 "이 과목은 대입 면접 때 얼마든지 질문을 받을 수 있는 과목이야."처럼 학습의 의미를 구체적으로 인식하면 집중 시간이 길어집니다. 그리고 동기 부여 없이 공부를 시작하면 금방 산만해진다는 점도 생각해야 합니다. 둘째, 몰입할 수 있는 환경을 설계해야 합니다. 조용한 공간, 일정한 조도로 조절된 조명, 수능 시간표에 맞춘 공부 스케줄 등 반복적으로 같은 환경을 유지하세요. 환경이 일정하면 뇌는 '이곳은 공부하는 곳이다.' 같은 자동 반응을 형성합니다. 식사 때가 되면 자연스럽게 배가 고프고 밥을 먹게 되듯, 환경을 루틴에 접목한 학생은 힘들이지 않고 공부 모드로 돌입해 루틴을 수행할 수 있습니다. 셋째, 나만의 시작 의식을 만들면 좋습니다. 저 같은 경우에는 오전 첫 공부를 시작할 때는 커피를 마십니다. 학생의 경우 공부 전 물 한 잔 마시기, 타이머 누르기, 책상 정돈하기 등 일상적 행동으로 집중의 스위치를 켜 보세요. 작은 행동도 반복되다 보면 '트리거' 역할을 하게 됩니다.

SKY 합격생은
왜 플래너를 쓸까?

플래너, 스케줄러를 사용하는 것도 공부 집중력과 효율을 높이는 방법입니다. 우선 플래너를 사용하면 시간을 낭비하지 않고 사용할 수 있는 건 물론이고 매 순간 발전하고 있는 나를 기록으로 확인할 수 있다는 점에서 동기 부여도 가능합니다. 특히 아직 계획적으로 시간을 관리하지 못하는 아이일수록 플래너를 사용하는 게 입시를 주먹구구로 해결하지 않고 체계화할 수 있는 방법이기에 적극적으로 추천하는 편입니다. 실제로 수없이 많은 SKY 합격생은 다음과 같이 플래너를 사용해 왔고 대입에서 결과를 냈습니다.

1. 대입이라는 큰 틀에서 이루고 싶은 명확한 목표를 정한다.

2. 연간, 학기별, 월간, 주간, 일간으로 상세 계획표를 세운다.

3. 일간 계획을 세울 때, 단순히 할 일을 적는 게 아니라 그걸 통해 무엇을 얻고자 하는지 구체적으로 적는다.

4. 계획은 매일 아침, 하루를 시작하기 전에 세우고 잠들기 전에 실행 여부 및 정도 파악, 피드백을 꼼꼼히 한다.

5. 시간별 계획에 더해 과목별 계획을 함께 세우고 크로스 체크 한다.

6. 주간, 월간 피드백은 더욱 날카롭고 꼼꼼하게 한다.

7. 다음 계획을 세울 때는 반드시 피드백을 반영한다.

8. 이 과정을 최소 3년간 반복하면서 사용법을 온전히 체득한다.

초중고 시기별 목표지향력 기르는 법

1) 초등학교

작은 것이라도 스스로 하고 싶은 걸 정하는 연습을 시켜 보세요. 초등학생 때까지는 목표가 별로 거창하지 않은 경우가 많습니다. 그리고 초등 저학년은 아직 목표가 무엇인지, 왜 가져야 하는지 체감하지 못할 나이일 수 있으니 부모님이 도와주셔야 합니다. 매일 반드시 해야 할 일을 꼭 하는 습관을 기르는 것부터 시작하세요. 숙제, 독서, 방 정리 등 가장 기본적인 것부터 습관화하는 게 좋습니다. 아이가 그런 일들을 매일 반드시 해야 한다는 것을 이해하고 나면 초등 3~4학년부터는 스스로 그런 일을 정하고 실천하게 하세요. 스스로 할 일 목록을 짜는 것이죠. 그리고 필요한 경우 매일 얼마나 잘 실천했는지 말해 달라고 하세요. 아이가 스스로 목표를 정하고 성취하는 습관을 들이고 그것에서 보람을 느끼게 하는 게 중요합니다.

만약 어렸을 때부터 부모님이 아이의 손과 발이 되어 모든 것을 척척 다 해 주면 어떻게 될까요? 그건 아이가 목표지향력을 가질 기회를 아예 없애 버리는 것이나 다름없습니다. 쉽게 말해서 부모님이 아이의 버릇을 잘못 들이고 있는 것이지요. 알아서 다 해 주는데 뭔가를 목표로 삼고 그걸 달성하기 위해 노력하는 고도의 집중력을 가질 수 있을까요? 그런 상황에 익숙해지면 아이는 아주 수동적이고 소극적인 사람으로 변합니다. 아이가 스스로 특정 목적이나 목표를 달성하고 싶어 하고 그것을 위해 어떤 노력과 행동을 해야 하는지 직접 계획하고 실천하는 흐름을 익혀 습관으로 만들어야 비로소 목표지향력이 생기는 겁니다. 그러니 부모가 보기에 아이가 다소 느리고 답답할지라도 아이가 스스로 적극성과 목표지향력을 기르는 걸 인내하고 기다려 주세요.

초등 시기 목표지향력 키우는 세 가지 방법

1. 작은 목표 세우기 훈련

책을 10쪽 읽기, 숙제 끝내고 놀이터 가기처럼 단순하고 가까운 목표를 설정하게 합니다. 달성 후 칭찬을 통한 정서적 보상을 충분히 하고, 스티커를 붙이는 등 누적되는 성취 경험을 시각적으로 확인할 수 있게 하면 더 좋습니다.

2. 시각화 노구 활용

달력에 목표 체크하기, 그림으로 목표 표현하기 등 아이가 목표를 추상적인 것이 아닌, 구체적이고 눈으로 확인할 수 있는 것으로 느끼게 도와주세요.

3. 성공 경험 떠올리게 하기

목표를 세우고 해낸 경험(자전거 배우기, 악기 연습, 일주일에 책 두 권 읽기 등)을 반복하여 떠올릴 수 있게 이야기를 들려주거나 다시금 칭찬하여 자기 효능감을 강화합니다.

2) 중학교

중학생부터는 학업적인 면에서 구체적인 목표지향력이 나타나고 목표다운 목표를 세우기 시작합니다. 학업만 놓고 보자면 이번 학기 전 교과 A 받기, 수학 경시대회 금상 받기, 학원 영어 테스트에서 90점 이상 받기 등 구체적인 목표를 스스로 세우고 실천하는 모습을 보실 수 있습니다. 하지만 계획을 세우거나 실천하는 모습이 전혀 보이지 않는다고 말씀하시는 부모님도 계실 거고 계획은 세우는데 실천을 잘 안 한다고 하소연 하는 부모님도 계실 겁니다. 이런 건 어떻게 교정해야 할까요?

아이에게 대뜸 목표를 크게 가지라고 조언하는 분도 있는데 그건 목표를 스스로 달성할 줄 아는 능력이 될 때 건넬 수 있는 조언입니다. '목표 설정-실천-달성'의 흐름이 아직 익숙하지 않은 아이라면 초등 때와 마찬가지로 실천 가능한 목표부터 하나씩 달성하면서 성취감을 충분히 느끼게 하라고 조언하고 싶습니다. 인간은 감정의 동물인지라 목표한 것을 달성했을 때 느끼는 감정을 충만하게 느껴 봐야 또 다른 목표를 달성할 원동력이 생깁니다. 너무 많은 목표를 잡거나 본인의 능력에 비해 지나치게 원대한 목표를 잡으면 오히려 그것을 성취하지 못했을 때 괴리감과 무능함을 느끼게 되죠. 그러 니 작게 시작하고 그 과정에서 자기 자신에 대한 긍정적인 감정을 느끼는 것이 우선입니다.

중등 시기 목표지향력 키우는 세 가지 방법

1. SMART 목표 훈련

구체적이고(Specific), 측정 가능하며(Measurable), 달성할 수 있고 (Achievable), 관련성이 있으며(Relevant), 기한이 정해진(Timed) 목표를 세우는 걸 연습합니다.

2. 중간 점검과 수정

중간고사, 기말고사 등 일정에 따라 목표 달성 상황을 점검하고 필요하면 계획을 조정하는 훈련을 합니다.

3. 롤 모델 탐색

선배, 유명 인물, 책 속 인물을 통해 아이가 되고 싶어 하는 구체적인 미래상을 생생하게 그려 봅니다.

3) 고등학교

목표지향력이 강한 학생은 자신의 목표 대학을 향해 무섭게 돌진합니다. 즉 목표지향력이 입시에서 빛을 발하는 시기는 고등학교 때인 셈입니다. 그렇다고 목표지향력이 약한 아이들이 대입에서 좋은 결과를 내지 못하는 건 아닙니다. 강한 열망은 다소 부족하지만 공부를 습관처럼 꾸준히 해 온 학생들은 그것을 바탕으로 좋은 결과를 냅니다.

고등학교에서 대학을 가기 위해 최소 열 번의 내신 시험과 수많은 수행 평가, 모의고사를 거치며 수능까지 3년이라는 긴 시간을 보내야 목표 지점에 도달하기 때문에 목표지향력은 고등학교 생활을 버티게 해 주는 중요한 힘이기도 합니다.

고등학교부터는 무조건 플래너를 사용해야 합니다. 머릿속에 해야 할 일이 뒤죽박죽 섞여 있는 것과 플래너에 계획을 기록해 두는 것은 차이가 큽니다. 스스로 마감 기한을 정한 것과 같은 효과를 내니까요. 그리고 목표 달성에 실패했을 때 반드시 그 원인을 정확하게 분석해야 합니다. 강점을 강화하는 것만큼 약점을 보완하고 실수를 없애는 게 중요한 시기입니다. 그를 통해 다음 계획과 목표는 좀 더 탄탄하게 세울 수 있겠죠. 또 단기, 중기, 장기 계획을 세우고 실천하고 수정하세요. 장기 계획 없는 단기 계획은 방향을 잡기 어렵고, 단기 계획 없는 장기 계획은 달성 가능성이 낮습니다. 한 번 세운 계획을 무조건 가지고 가야 하는 건 아니며 상황에 따라 목표를 조금씩 수정할 수도 있습니다. 수정을 거치며 방향성이 명확해질수록, 큰 그림이 그려질수록 세부 계획 달성률이 높아지므로 목표는 뚜렷하고 구체적으로 세우기 바랍니다.

고등 시기 목표지향력 키우는 세 가지 방법

1. 장기적 비전 수립

대학, 직업, 삶의 가치 등 당장 눈앞에 닥친 시험보다 좀 더 큰 그림을 그리게 하고, 그것을 공부의 이유와 연결합니다.

2. 목표 간 유기성 확립

장기 목표와 중·단기 목표가 같은 방향으로 이어질 수 있는 유기성을 갖췄는지 점검하고 장기 목표를 잘게 쪼개어 구체적 과제로 전환합니다.

3. 자기 결정감 강조

공부를 남이 시켜서 하는 게 아니라 '내가 이루고 싶은 목표'를 위해 하는 것이라고 여기도록 자기 결정감을 강조합니다.

목표라는 점을 찍지 않으면
합격이라는 선을 그을 수 없다

김○원

서울대 경영학과, 중문학과 졸업
구글 코리아 재직 중

Q1. SKY에 합격한 비결이 무엇인지 궁금합니다.

어릴 때부터 호기심과 승부욕이 강해 자연스럽게 공부에 몰입했고, 어머니는 틀린 문제부터 짚어 주시며 제 승부욕이 긍정적으로 발휘되도록 도와주셨습니다. 또한 학교 선생님의 조언으로 외고 지원 시 경쟁이 치열한 중국어과를 선택하며, 스스로 높은 기준을 세우고 도전하는 태도를 기를 수 있었습니다.

Q2. SKY 합격에 도움이 된 나만의 공부 방법이 있을까요?

초중등 시기에는 수학, 영어 학원을 통해 공부 습관을 다졌고, 이를 바탕으로 고등학교부터는 학원이나 과외 없이 자기 주도적으로 학습했습니다. 스스로 커리큘럼을 설계해 수학은 선행 학습과 부족한 부분 보완을 병행했고, 적절한 사교육을 받아 자율 학습 기반을 형성했습니다.

[개별 질문] #목표지향력

Q1. 뚜렷한 목표 의식, 목표지향력을 타고 났다고 생각하시나요, 아니면 어떤 계기가 있었던 걸까요?

어렸을 때부터 호기심과 승부욕이 강해 부모님과 선생님의 인정을 받고 싶은 마음이 자연스럽게 학구열로 이어졌습니다. 타고난 성향도 있었지만, 어머니의 꾸준한 객관적 피드백 덕분에 단기적인 성과에 만족하지 않고 큰 그림과 높은 목표를 세울 수 있었다고 생각합니다.

Q2. 치열한 경쟁 속에서 스트레스를 관리한 방법과 목표 의식이 흐려질 때 마음을 다잡은 방법이 궁금합니다.

저는 나만의 스트레스 해소 루틴을 만드는 것이 중요하다고 생각합니다. 토요일 아침마다 배드민턴을 쳤고, 피곤한 날에는 좋아하던 사회 과목 인터넷 강의를 들으며 귀기했습니다. 외고에서는 외국어 내신의 비중이 커 중국어에 대한 농기 부여가 필요했는데, 중국 여행이나 유학을 상상하며 표현을 고민하는 과정이 동기이자 스트레스 해소가 되었습니다.

목표 의식이 흐려질 때는 공부 대신 정리를 하며 생각을 정돈했고, 그 과정에서 학생에게 공부만큼 의미 있게 할 수 있는 일은 많지 않다는 깨달음을 얻었습니다. 잠깐의 즐거움은 결국 후회로 남을 수 있다는 것도 알게 되었습니다.

작은 목표와 작은 성공을 반복하여 큰 성취를 얻어라

이○원

서울대 경영학과 재학 중

Q1. SKY에 합격한 비결이 무엇인지 궁금합니다.

여러 요인이 있겠지만, 끈기 있게 도전할 수 있었던 태도와 그를 가능하게 한 환경이 가장 컸다고 생각합니다. 성실한 친구들 사이에서 자연스럽게 기준이 높아지며 스스로에게 쉽게 만족하지 않게 되었습니다. 또한 대학이 평생의 기준이 된다는 인식 속에서 현역 이후에도 두 차례 더 도전하게 되었고, 이러한 끈기와 높은 기준이 목표 달성의 원동력이 되었습니다.

Q2. SKY 합격에 도움이 된 나만의 공부 방법이 있을까요?

초등학교 시절에는 과도한 선행보다 다양한 분야의 독서에 집중했고 이는 국어, 영어 실력과 문해력, 사고력의 기반이 되었습니다. 최상위권을 목표로 한다면 선행이 필요할 수 있지만, 저학년까지는 독서와 경험이 장기적으로 더 효과적이라고 생각합니다. 고등학교 때는 정시 중심으로 학습하며 수능 국어에 대한 체계적인 방법론을 정립했습니다. 문학, 문법은 개념과 기출 반복으로 속도와 정확도를 높였고, 비문학은 평가원 기출을 문장 단위로 분석해 선지 근거를 정리한 노트를 만들었습니다.

[개별 질문] #목표지향력

Q1. 뚜렷한 목표 의식, 목표지향력을 타고 났다고 생각하시나요, 아니면 어떤 계기가 있었던 걸까요?

저는 원래 뚜렷한 목표를 세우는 성향은 아니었지만, 첫 대입 실패 후 친구들과의 격차를 체감하며 다시 도전해야겠다는 생각이 자연스럽게 들었습니다. 그때 처음으로 강한 목표 의식이 생겼고, 이 경험은 대학 입학 이후에도 저를 움직이는 원동력이 되었습니다. 목표지향력 역시 그 과정을 거치며 형성되었다고 생각합니다.

Q2. 치열한 경쟁 속에서 스트레스를 관리한 방법과 목표 의식이 흐려질 때 마음을 다잡은 방법이 궁금합니다.

저는 하루 목표를 채우지 못해도 스트레스를 받고 집착하기보다 장기적인 흐름으로 돌아가는 것을 더 중요하게 여겼습니다. 목표가 흐려질 때는 공부를 시작한 이유와 원하는 미래를 떠올리며 동기를 회복했고, 지금의 노력이 선택의 자유로 이어진다는 생각이 큰 힘이 되었습니다. 실패하더라도 멈추지 않고 다시 시도하는 태도가 결국 좋은 결과로 이어진다고 믿었습니다.

#자기통제력

아기와 바보만이
못 바꾸는 걸 바꾸려 한다

계속 바뀌는 대입 정책에 학부모들이 불안해하는 건 당연한 일입니다. 2025년 교육의 핵심 변화는 고교학점제 전면 시행과 내신 5등급제 시행이죠. 2028학년도 대입 키워드는 통합형 수능이고요. 서울대학교도 2028학년도 전형 개편과 'SNU 역량 평가 면접' 도입을 발표했고, 다가오는 2032학년도 대학 입시부터 논·서술형 수능을 도입하고, 평가 방식을 절대 평가로 바꾸자는 이야기가 들리는 등 몇 년 후의 대입 정책 변화까지 벌써 언급되는 상황이니 학부모들의 불안감은 쉴 틈이 없습니다.

학교 현장 역시 구조적 한계가 있습니다. 학급당 학생 수는 줄었지만 여전히 25명 내외라 개별 밀착 케어가 어렵습니다. 교사는 수업 외에도 행정, 담임, 동아리 업무 등을 함께 맡기 때문에 해당 과목만 연구하는 사교육 강사와 비교하면 교과 연구 시간이 부족할 수밖에 없습니다. 학교는 '선행 학습 금지법'에 따라 학년 수준에 맞춰 진도를 나가지만, 학부모들은 더 촘촘한 관리와 선행을 기대하며 사교육을 선택하게 됩니다. 게다가 대입 수시 모집에서 자기소개서가 폐지되고, 학교생활 기록부에서도 기재 금지, 미반영 항목이 늘어나면서 학교생활 기록부는 핵심 요소만 반영되는 방향으로 간소화되고 있습니다. 대입 공정성을 강화하기 위한 조치지만, 정작 학생과 학부모는 대입이 더 어려워졌다고 느끼는 경우가 많습니다.

하지만 교육의 큰 흐름을 보면, 대입 정책이 바뀌는 이유는 기존 제도의 단점을 보완하기 위함입니다. 다만 그 변화가 학생과 학부모에게 반갑지 않은 것은 사실입니다. 정책이 바뀔 때마다 새 기준을 확인해야 하고, 놓칠까 봐 불안해지기 때문입니다. 그럼에도 냉정하게 보면 입시의 본질은 크게 변하지 않습니다. 특히 SKY 등 주요 대학이 원하는 인재상은 거의 바뀌지 않습니다. 대입 정책은 앞으로도 계속 변할 수 있지만, 합격 전략의 핵심은 항상 동일합니다. 학교생활 기록부를 내실 있게 채우고, 내신을 잘 관리하고, 수능에서 경쟁력을 확보하는 것, 이 틀은 변하지 않습니다. 결국 중요한 것은 외부의 변화에 휩쓸리지 않을 내부의 통제력입니다. 시간 관리, 멘탈 관리, 체력 관리, 휴대폰 관리처럼 학생이 매일 통제할 수 있는 부분을 확실히 하는 것이 우선입니다. 하루를 어떻게 보내는지가 습관이 되고, 그 습관이 1년 뒤의 결과를 만듭니다. 외부 변화를 탓한다고 달라지는 것은 없습니다.

공부를 잘하는 학생들이라고 해서 매일 공부가 즐겁고, 학교나 학원이 가고 싶고, 자기 주도 학습이 신나는 것은 아닙니다. 하기 싫은 날에도 해내는 힘, 계획이 잘 안 굴러가서 그냥 쉬고 싶은 날에도 다시 시작하는 힘이 바로 자기통제력입니다. 하기 싫어도 해내는 자기통제력, 외부 상황과 상관없이 매일 쌓아 올리는 꾸준함. 이 능력이 365일, 3년, 10년 누적되면서 압도적인 결과의 차이를 만듭니다. 외부 변화에 흔들리기보다, 내가 통제할 수 있는 것부터 명확하게 붙잡는 힘. 그 자기통제력이 결국 대학 합격과 이후의 삶을 결정짓는 핵심 역량입니다.

학교에서 졸고
학원에서 쌩쌩한 아이들의 비극

아이들이 학교를 마치자마자 학원으로 가는 걸 보다 보면 이런 생각이 듭니다. 과연 고등학생 중 학교에서 매 수업, 총 7교시에 온전히 집중하는 학생이 몇 명이나 될까요? 곰곰이 생각해 봐도 많지 않을 것 같습니다. 아이들의 솔직한 마음 상태는 이렇습니다.

"아…… 50분 길다. 지루해 죽겠네. 이거 이미 다 학원에서 들은 건데 왜 열심히 들어야 하지? 아, 이건 모르는 건데. 그래도 어차피 나중에 학원 가면 다 알려 주잖아. 학원 선생님이 학교 선생님보다 더 유명하고 수업 잘하시니까 상관없겠지. 어제 휴대폰을 너무 많이 했나? 늦게 잤더니 오전엔 잠이 막 쏟아지네. 시험 범위라 졸면 안 되는데. 아니지, 학원에서 내신 예상 문제 정리해 주잖아? 그때 프린트 받아서 준비하면 되겠다. 음, 막상 자려고 하니까 잠이 안 오네. 어, 저거 중요한 거라고? 시험에 꼭 나온다고? 아 필기하긴 귀찮은데. 그냥 사진으로 찍자."

과장 같겠지만 진실입니다. 아이들은 이만큼이나 자기를 통제하지 못하고, 내신 출제자는 학원 강사가 아니라 학교 선생님이라는 걸 잊고 학교 수업을 대충 듣고 있죠. 게다가 문제는 나중에 시험 기간에 학원 가서도 공부를 열심히 하지 않는다는 겁니다. 오히려 학원에서 준 예상 문제대로 나오지 않았다고 난리를 치죠. 그야말로 악순환의 전형입니다.

가장 잘못된 포인트는 학교 수업에 온전한 마음으로 집중하지 않는 태도입니다. 여러 번 강조하지만 내신 시험을 내는 건 학원 강사가 아닙니다. 그 분야 탑 강사라고 해도 우리 학교 중간고사는 과목 담당 선생님이 내시는 거예요. 그분이 힌트를 주는 수업에 관심이 없다는 건 해당 과목을 포기한 거나 다름없죠. 학교 수업도 집중하지 않으면서 학원 다니고 과외 하는 게 무슨 효과가 있겠습니까. 이 악순환의 고리를 끊기 위해서는 다음 다섯 가지가 중요합니다.

1. 학교생활부터 책임감을 가지고 집중해서 임하는 것
2. 겸손한 마음으로 매 수업을 경청하는 것
3. 매일 자기 주도 학습을 통해 스스로 복습하고 정리하는 것
4. 정신을 흐트러뜨리는 SNS, 휴대폰과 이별하는 것
5. 최선을 다한 다음 부족한 부분만 선별적으로 사교육을 받는 것

이걸 고등학생이 되고 나서 익히려면 쉽지 않죠. 초등학생 때부터 자기통제력을 길러 줘야 합니다. 그래야 고등학교에 가서 비로소 그 힘이 성적으로 이어질 수 있습니다. 간혹 학원에서는 최고반을 다니면서 정작 내신은 엉망인 학생들이 있는데, 이런 학생의 부모라면 아이가 학교 수업에 충분히 집중하고 있는지, 사교육만 믿고 학교 수업을 도외시하고 있진 않은지 잘 살펴보세요. 기본에 충실한 게 자기통제력의 시작입니다.

자기통제력

내가 내 노력을 안 믿으면
성적에도 반영되지 않는다

스스로 질문해 보시기 바랍니다. '나는 내가 생각해도 괜찮은 사람인가?', '나는 내가 봐도 신뢰할 만한 사람인가?', '나는 나와의 약속을 잘 지키는 사람인가?' 이 질문에 자신 있게 대답할 수 있는 사람이라면 스스로에 대한 믿음, 즉 자신감이 있다는 뜻입니다. 그리고 자신이 이루고자 하는 것을 엄청난 노력을 통해 스스로 이룬 경험이 있는 사람일 것입니다. 노력하면 목표를 이룰 수 있고, 나는 그런 노력을 할 줄 아는 사람이라고 스스로 생각하는 거죠. 자기통제력은 이런 노력과 믿음을 통해 길러집니다.

'나는 해야 할 일은 하고, 하지 말아야 할 일은 하지 않는 사람이

다.'라는 자아상은 자신을 더 좋은 방향으로 이끌어 줍니다. 공부하다 보면 '이렇게 해도 될까?', '나는 안 되는 사람인가?'라는 의심이들 때가 있습니다. 매일 최대치의 노력을 몇 년째 이어 가는 학생이아니라면 누구나 흔들리기 마련입니다. 하지만 그 순간 필요한 것은 완벽한 방법이 아니라 노력에 대한 믿음입니다. 전국 수석을 하는 학생에게도 힘든 구간은 반드시 옵니다. 그때 회피하거나 멈추면 다음 단계로 나아갈 수 없습니다. 어려운 구간을 정면으로 돌파해야만 다음 장이 열립니다. 공부를 하다 보면 초반에는 순조롭다가 어느 지점부터 책장이 잘 넘어가지 않는 시기가 찾아옵니다. 문제는 어려워지고 점수는 오르지 않고 자신감은 떨어지는 순간, 마음속에서는 이런 유혹의 말이 떠오릅니다.

'잠깐 쉬자. 이건 나랑 안 맞아.'

하지만 이때가 바로 성장의 문턱입니다. 뇌는 어려움을 버티는순간 새로운 회로를 만들고 이해의 폭을 넓혀 갑니다. 지금의 막힘은 '끝'이 아니라 '변화의 신호'입니다. 도망치면 잠시 편할 수 있지만 그 약점은 반드시 다시 돌아옵니다. 반면 정면으로 마주하면 어제의 한계가 오늘의 실력이 됩니다.

성공하는 학생들은 남들을 압도할 정도로 천재라서 성공한 게 아니라 남들이 힘들어 멈춘 구간에서 멈추지 않고 계속 나아갔기에성공한 겁니다. 넘어져도 책상으로 돌아오고, 실패해도 다시 펜을 들었기에 결국 큰 차이를 만들어 낼 수 있었던 거죠. 공부는 싸움이 아니라 긴 여정입니다. 지금 힘들다는 건 오히려 제대로 가고 있다는 증거일 수 있습니다. 오늘도 한 걸음만 더 나아가면 됩니다. 그 한 걸음이 다음 장을 여는 씨앗이 됩니다.

노력은 실제로 당신을 배신하지 않는다

단순한 위로가 아니라 실제로 과학적 근거가 있습니다. 꾸준한 반복은 뇌의 신경 회로를 단단하게 만들고 이해한 내용을 더 깊이 안착시킵니다. 오늘의 반복은 보이지 않지만 내일의 능력으로 쌓입니다. 문제는 많은 사람이 결과가 늦게 나오는 것을 견디지 못한다는 데 있습니다. 하지만 사실 그 기다림 안에서 우리는 집중하는 법, 포기하지 않는 법을 배우고 있습니다. 이것이 공부와 인생의 핵심입니다. 노력에 대한 믿음은 결국 자신에 대한 믿음과 같습니다. '시간을 투자하면 반드시 성장한다.'라는 확신이 생기면 불안보다 집중이, 비교보다 몰입이 커집니다. 공부의 결과는 단기간에 나타나지 않습니다. 믿고 버틴 사람에게만 자신만의 기적이 찾아옵니다. 성장의 속도는 보이지 않아도 노력은 분명히 당신 안에서 자라고 있습니다. 의심이 들 때 아래 문장을 읽어 보세요.

결과는 운이 만들지 않는다. 끝까지 버틴 노력이 만든다.

재능은 시작의 속도를 정하지만, 노력은 끝까지 가는 방향을 정한다.

하루의 작은 노력이 쌓여 스스로를 자랑스럽게 여기는 내일을 만든다.

노력하세요. 그것도 자신이 할 수 있는 최선의 노력을 다하세요. 그럼 반드시 힘든 구간을 넘어설 힘이 생깁니다. 그러한 강렬한 믿음 없이 나를 통제하기는 쉽지 않습니다.

남과 비교할 때마다
점수가 깎인다고 생각해라

제가 외고에서 근무하던 시절 한 학생이 저를 찾아왔습니다. 제법 높은 성적을 받는 학생이었는데 고민이 있다는 겁니다. 그 학생이 점점 공부에 집중이 안 되는데, 원인을 모르겠다고 하여 잠깐 이야기를 나누었습니다. 일상적 루틴부터 하루 일과를 찬찬히 묻다 보니 점점 원인을 알 것도 같았습니다. 그 학생은 집에 오면 SNS 피드를 확인하곤 했는데, 자기는 공부를 끝내고 집에 와 있는데도 여전히 독서실에서 공부하고 있는 친구들의 사진을 보고 마음이 흔들렸던 겁니다. 이내 친구와 자신을 비교하느라 성적이 괜찮은 편임에도 알 수 없는 패배감에 시달리게 되었고 자연히 공부에 집중할 수 없었던 것이죠.

'나는 왜 저만큼 못하지?'
'나는 왜 이렇게 느리지?'
'나는 왜 성적이 안 올랐지?'

이런 지독한 생각에 사로잡혀 시간을 버리는 동안 비교의 수렁에 빠지지 않은 친구는 더 앞서 나갈 테고, 그러면 결국 저 생각들이 거 짓에서 진실이 되어 버립니다. 비교는 절대 내 점수를 올려 주지 않습니다. 비교는 나를 움직이게 하는 게 아니라, 나를 좌절에 빠뜨려 그 자리에 멈추게 하기 때문입니다. 나는 오늘 열심히 노력해서 50페이지를 풀었는데 55페이지를 풀었다고 자랑하는 친구 때문에 5페이지 덜 푼 것에 패배감을 느끼며 잠드는 게 나을까요, 아니면 50페이지를 푼 자신에게 집중하며 뿌듯함을 느끼고 잠드는 게 나을까요? 당연히 뿌듯함을 느끼면서 잠자리에 드는 게 낫겠죠. 그런데도 여전히 학생들은 비교로 인해 괴로워합니다.

의대 간 옆집 아이와의 비교로 우울해하는 강남 아이들을 다룬 기사도 떠오릅니다. 건강보험공단에 따르면, 우울 등 기분 징동 장애와 불안 등 신경증성 및 스트레스 관련 장애로 병원을 찾은 서울 아동, 청소년은 2018년부터 2022년까지 4년 만에 두 배 가까이 증가했다고 합니다. 특히 강남, 서초, 송파 지역은 5년 연속 상위 3위를 유지했습니다. 소득이 높은 강남 3구일수록 병원을 찾는 비중이 높다는 점을 고려하더라도 압도적인 규모입니다. 중고등학생 절반 이상의 내원 사유가 우울증이라는 강남 정신과 의원 원장의 증언도 있었죠. 그만큼 강남은 경쟁으로 인한 학업 스트레스가 엄청난 곳입니다. 지리적으로도 좁은 편이고, 옆집 이야기를 듣고 싶지 않아도 다 들리고 보이는 구조인 데다 내 인생에만 집중하지 않고 다른 사람의 시선과 판단을 중요하게 생각하는 문화로 인해 학업 스트레스가 타 지역보다 한층 더 강한 것 같습니다. 대학 서열화가 여전히 건재하고 선망하는 직업이 정해져 있는 이상 이런 경쟁 구도를 근본적으로 해결하는 게 마냥 쉽지만은 않죠. 개인으로서는 내가 할 수 있는 것을 찾고 그것에 집중하는 수밖에 없다고 생각합니다.

동기 부여라고 착각하고
헛수고하지 마라

———

학생으로서는 다른 사람이랑 비교할 시간에 나의 내면에 집중하고 스스로를 통제하는 힘을 키워 나의 발전 과정에 초점을 맞추는 것이 그 방법이라고 할 수 있겠죠. 다른 사람과 비교하며 누구는 금수저라서 공부를 잘할 수밖에 없는데 나는 금수저가 아니네, 누구는 이번에 성적이 어떻네 하는 식으로 시선을 나 자신이 아닌 다른 사람한테 돌리면 어떤 것에도 만족할 수 없고 나를 통제하기는커녕 불만이 나를 이끌게 됩니다. 주변 모든 것이 다 스트레스로 느껴질 수도 있고요. 저는 그런 환경일수록 자신의 내면에 집중해서 내가 매일 발전해 나가는 것에 감사하고 보람을 느끼면서 온 에너지를 나 자신에게 쓰라고 말해 주고 싶습니다. 그럼 매일 미묘한 발전이 지만 노력하는 만큼 성장하는 나를 느낄 수 있습니다.

이렇게 말해도 여전히 동기 부여와 비교를 혼동하는 학생도 있습 니다. 확실히 언뜻 보기에는 동기 부여처럼 보이지만, 독처럼 작용 하는 것도 있기 때문에 경계해야 합니다. 동기 부여는 내가 잘하고 자 하는 마음을 확실히 자극해 주는 것이고, 비교는 나의 못난 점을 부각하는 수렁이라는 차이를 꼭 기억하세요.

동기 부여와 비교를 명확히 구분하려면 무엇보다도 공부에서의 성장에는 절대적인 곡선이 없다는 걸 기억해야 합니다. 각자 자기 만의 곡선을 그리며 올라가는 것이 성장입니다. 곡선의 기울기도, 흐름도 사람마다 다 다릅니다. 어떤 사람은 빠르게 오르고, 어떤 사 람은 천천히 쌓이지만 한번 터지면 폭발적으로 성장하기도 합니다. 결국 승부는 누가 더 오래, 꾸준히 자기 페이스를 시키는가에 달려 있습니다. 비교는 순간적으로 '나도 더 열심히 해야지.'라는 동기를 부여히는 것처럼 보일 수도 있시만 상기석으로는 패배감과 불안감을 안겨 줍니다. 그리고 남들과 비교하지 않고 내 공부에 몰입해야 비교 같은 걸로도 흔들리지 않는 단단한 실력을 만들 수 있습니다. 온전히 나한테만 집중해야 성장의 보람을 오롯이 느낄 수 있습니다. 남의 속도가 아닌 나의 루틴을 믿고, 오늘 해야 할 한 장, 한 시간, 한 문제에 집중할 때 비로소 점수가 오르고, 자존감도 함께 자랍니다. 공부의 본질은 타인과의 경쟁이 아니라, 어제의 나를 이겨내는 싸움이고 더 나은 나를 향해 발전하는 여정입니다. 남을 보며 흔들리는 대신, "오늘의 나는 어제보다 한 걸음이라도 더 나아갔는가?" 이 한 문장만 기억합시다. 남을 이기려는 마음은 불안을 낳지만, 어제의 나보다 더 나아지려는 마음은 성장을 낳습니다. 경쟁이 치열할수록, 세상이 어지러울수록 시선을 밖으로 돌리지 말고 나의 내면에 집중해 보세요. 그리고 차분한 호흡으로 매일 성실히 노력하면서 꾸준히 앞으로 나아가세요. 그럼 반드시 목표한 바를 행복하고 뿌듯하게 성취할 수 있을 겁니다.

학습뿐 아니라
멘탈에도 필요한 엉덩이 싸움

'와…… 쟤 참 독하다.' 싶은 친구가 있으신가요? 주변에서 그런 친구 본 적 있으실 겁니다. 남들 다 공부하기 싫어할 때도 한결같이 앉아서 공부하는 모습인 친구요. 그런 친구는 "웬만하면 좀 쉬어 가면서 해라. 피곤하다며, 응?" 이렇게 말해도 미련스러울 정도로 공부를 합니다. 여러분은 그런 독기, 강한 자기통제력이 있으신가요? 요즘 학생들 말버릇이 있죠. 스스로 "멘붕이다."라거나 "난 유리 멘탈이다."라고 스스럼없이 말합니다. 조금만 실패해도 멘탈이 유리처럼 와장창 깨지기 때문이지요. 그렇다면 옛날 사람들은 다 멘탈이 특별히 강력하게 타고난 걸까요? 독한 친구들은 처음부터 그런 자기통제력을 지니고 입학했을까요? 아니면 그들만이 가지고 있는 특별한 비법이 있어서 힘든 상황에서도 흔들리지 않고 통제력을 유지하며 한 걸음 한 걸음 우직하게 전진하는 것일까요? 그럴 리가 없죠. 저런 '독한 사람'도 처음부터 그런 통제력을 가지고 있었던 게 아니라 훈련을 통해 기른 것입니다. 뜻이 있었기에 방법을 찾은 셈이지요. 처음에는 그들도 생각보다 형편없는 결과에 좌절하고, 멘탈이 흔들리고, 이걸 다 해서 뭐 하나 싶고 의지가 푹 꺾이는 경험을 했을 겁니다. 하지만 만족스럽지 못한 결과 앞에서 그렇게 흔들리다 완전히 무너지면 결과적으로 내가 바랐던 모습과 더 멀어진다는 것을 깨닫고 힘든 순간에 마음을 다시 한번 다잡은 것이지요. 그러고 나서 당장 내가 할 수 있는 일부터 묵묵히 해 나간 것입니다. 놀랍게도 그런 우직한 반복으로 멘탈은 회복되기만 하는 게 아니라 더욱 단단해집니다. 그런 능력은 내 감정에 굴복하지 않고 나를 온전히 제어할 수 있는 자기통제력에서 비롯되는 것이죠. 어떻게든 할 수 있는 일을 찾고, 그걸 그냥 하고, 너무 하기 싫어도 '딱 10분만 더'라는 생각으로 엉덩이를 다시 의자에 붙이는 어마어마한 노력이 곧 자기통제력이고 그것이 갖춰져야 대입을 성공으로 이끌 수 있습니다.

오늘'은' 지는 아이와
오늘'도' 이기는 아이

정신력이라는 게 마음먹고 머리로만 줄곧 생각한다고 단련되는 게 아닙니다. 온몸으로 그 상황을 인지하고 인내하면서 내가 하고자 하는 바를 실천할 때 비로소 강해지는 것입니다. 엉덩이가 들썩거리는, 소위 '엉덩이 힘'이 약한 학생은 공부를 잘할 가능성이 낮습니다. 당장이라도 책상을 박차고 뛰쳐나갈 것처럼 가벼운데 진득한 공부는 어불성설이지요. 책상에 앉아 집중력을 발휘하여 공부하는 시간이 쌓여야 고득점과 목표 달성이 선명해지는 겁니다. 한 번 흔들리면 끝난다는 말을 하는 건 물론 아닙니다. 진짜 정신력, 진짜 통제력은 설령 백 번을 흔들려도 끝까지 버티는 힘입니다. 많은 분이 이미 잘 알고 있지만, 공부는 머리싸움이 아니라 엉덩이 싸움입니다. 비가 오나 눈이 오나 컨디션이 좋으나 나쁘나 공부를 꾸준히 할 줄 아는 사람들의 공통점은 집중이 흐트러질 때마다 다시 회복하는, 말하자면 멘탈의 회복력이 강하다는 것입니다. 누구나 공부가 잘 안되는 날이 있지요. 하루 계획이 무너지고, 점수가 떨어지고, 자존감이 흔들릴 때, 대부분 "오늘은 그냥 쉬지." 하고 포기하고 맙니다. 하지만 정신력이 충분히 강하고 나를 통제할 줄 아는 사람은 그런 순간에 불안하고 흔들려도 다시 책상 앞에 앉습니다. 오히려 그런 순간일수록 책상 앞을 떠나면 안 된다고 생각합니다. 왜냐하면 그때야말로 정신력을 더욱 단단하게 만들 수 있는 순간이기 때문입니다. 정신력은 마음속에서 추상적인 훈련을 통해 단단해지는 게 아니라, 엉덩이를 의자에 딱 붙이고 하기로 한 일을 우직하게 하는 시간 속에서 단련됩니다. 다시 말해, 정신력도 일종의 '근육'인 셈이지요. 운동처럼 반복해야 강해지고, 버텨야 성장합니다. 처음엔 집중이 안 되고 잡생각이 많이 들더라도 그 자리를 지키는 것 자체가 훈련입니다. "오늘은 5분만 더 버티자." 이 한마디를 실천할 때, 마음의 근력이 강해집니다. 성적이 오르지 않는 기간, 불안과 비교에 휘둘리는 시기, 그 모든 시간을 견디는 힘이 바로 자기통제력의 본질입니다. 남들보다 빨리 가는 사람이 아니라 더 오래 버티는 사람이 결국에 이깁니다. 그것은 대입 결과가 하루하루의 성공과 실패보다, 실패 후 다시 돌아오는 회복력에 달려 있기 때문입니다. 지금 공부가 힘들다면 차라리 '나는 내 정신력을 기르는 엉덩이 싸움 중이다.'라고 생각하세요. 머리로 하는 공부가 지식을 키우듯, 엉덩이로 하는 공부가 정신력을 기릅니다. 결국 끝까지 버틴 사람이 승리하게 되어 있습니다.

공부의 질을 따지기 이전에
충분한 양이 갖춰졌는지 확인하라

—

"무조건 오래만 하는 건 비효율적이야.", "공부는 질이 중요하지, 양만 채운다고 되는 게 아니야."라고 말하는 학생도 있습니다. 하지만 이걸 먼저 알아야 합니다. 질 높은 공부는 기본적인 '양'이 확보된 후에야 가능합니다. 공부의 질은 집중력과 이해력의 수준을 말하는데요. 그런 집중력과 이해력은 하루아침에 번뜩이며 찾아오는게 아닙니다. 오래 앉아 있는 습관, 버티는 체력, 반복의 누적이 쌓여야만 비로소 깊은 사고와 몰입이 가능해지기 마련입니다. 엉덩이를 딱 붙이고 공부하는 시간은 단순한 시간이 아닙니다. 그건 생각이 정리되는 시간이고, 머릿속의 지식이 연결되고 구조화되는 시간입니다. 효율만 따지면 짧고 굵게 집중하는 게 낫다고 여길 수 있지만, 그런 순간의 공부로 얻은 이해는 '점'으로 남습니다. 오랜 시간 버티면 그것들이 '선'과 '면'으로 이어집니다. 이때부터 비로소 진짜 '질 높은 공부'가 시작되는 것입니다. 요즘 학생들, 환경 탓에 집중이 안 된다고 하죠. 정작 환경을 탓하기에는 그저 본인의 주의가 산만하고 틈만 나면 아무 목적 없이 휴대폰을 집는 경우가 한둘이 아닙니다. 책 한 번 보고, 휴대폰 한 번 보는 게 무슨 공부일까요? 그건 정말 잘못된 행동 패턴입니다. 너무 당연하지만 집중력은 낮고 나는 게 아닙니다. 오래 앉아 있는 연습을 통해 만들어지는 것이지요. 처음에는 딱 10분 앉아 있는 것부터 시작해서 점점 20분, 30분, 그러다 두어 시간까지도 아무렇지 않게 앉아 있을 수 있도록 시간을 늘리며 절대적인 '양'을 확보하면 비로소 집중력이 뒷받침된 질 높은 공부가 가능해집니다. 공부는 마라톤과 같습니다. 처음부터 빠른 속도로 달리려 하면 금방 지칠 수밖에 없죠. 하지만 일정한 속도로 꾸준히 가면 처음엔 느려 보여도 결국 가장 빨리 목적지에 도착하게 되어 있습니다. 양이 쌓이지 않으면 질 높은 공부는 피어나지 않습니다. 엉덩이로 버틴 시간만큼 공부는 깊어질 것입니다.

특별한 재능만으로는 승리할 수 없습니다. 매일 버티며 쌓은 시간만이 승리를 가져옵니다. 게다가 실천만 한다면 누구에게나 적용되는 이야기입니다. 공부는 일부 영재를 제외하면 머리의 싸움이 아니라 멘탈과 습관의 싸움이기 때문입니다. 포기하지 않고 버틴 사람만이 원하는 문 앞에 설 수 있습니다. 강력한 'SKY 멘탈'을 갖추고 싶다면 엉덩이가 들썩거려도 참으세요. 힘들어도 해야 할 일을 책임감 있게 실천하는 사람, 반복과 지루함을 이겨내는 사람, 만족스럽지 않은 결과를 마주해도 차분히 다시 시작하는 사람이 결국 SKY의 문을 열 수 있다는 사실을 명심하시기 바랍니다.

실패를 디딤돌로 삼는 아이와
실패를 실패로 남겨 두는 아이의 차이

'다 같이 열심히 하는 것 같은데 왜 저 친구만 성적이 오르고 또 오르지? 나는 한다고 했는데 왜 성적은 항상 그 자리일까? 어? 이번엔 성적이 떨어졌네? 아, 망했다. 난 해도 안 되는구나.'

이런 생각의 악순환을 경험하고 있지는 않으신가요? 누군가는 실패를 경험하고도 '실패는 성공의 어머니'라고 말합니다. 또 다른 누군가는 '실패는 망하는 길'이라고 말합니다. 두 사람의 가장 큰 차이는 무엇일까요? 바로 실패를 대하는 태도와 건설적인 피드백을 통해 배우려는 자세입니다.

실패를 통해 발전을 이어 가는 사람의 태도는 분명합니다. 스스로 무엇이 부족했는지 객관적으로 원인을 분석하고 해결책을 찾습니다. 반면 대부분의 학생은 시험이 끝나면 어떻게 행동하나요? 점수 확인하고 기분만 나빠할 뿐, 무엇이 부족했는지 왜 점수가 안 나왔는지, 어떻게 개선할 수 있는지 진지하게 고민하지 않습니다. 그러다 보니 같은 방식으로 공부하고 비슷한 점수를 받는 걸 반복하는 것이죠. 하지만 건설적인 피드백을 실천할 줄 아는 학생은 다음과 같은 과정을 스스로 거칩니다.

1. 시험 대비 기간을 3주로 잡아 시간이 절대적으로 부족했다.

→ 다음부터는 시험 대비 기간을 5주로 늘린다.

2. 수업 중 놓친 부분에서 문제가 어렵게 출제되었고, 시간이 지나니 선생님이 강조한 부분이 잘 기억나지 않았다.

→ 수업에 더 집중하며 필기를 꼼꼼히 하고, 그날 배운 내용을 그날 복습하는 공부 패턴을 만든다.

3. 시험 시간 50분이 부족했다.

→ 글 읽는 속도를 높이기 위해 평소 꾸준히 훈련한다. 내신 지문은 빠르게 정답을 찾는 능력을 기르고, 난도가 높은 외부 지문에 시간을 더 쓸 수 있도록 전략을 세운다.

4. 틀린 문제에 대한 분석이 부족해 각 과목별로 서너 문제를 틀렸다.

그런가 하면 실패를 사전에 방지하는 것도 중요하죠. 요즘 학생들이 학업에서 실패를 반복하게 만드는 가장 큰 걸림돌은 무엇일까요? 바로 스마트폰입니다. 스마트폰은 많은 학생을 강하게 잠식하고 있으며, 지금 상황은 매우 심각합니다. "휴대폰 좀 그만 보고 자라."라는 말을 해 본 적 없는 가정이 얼마나 될까요? 거의 없을 것입니다. 아이들도 "조금만 하고 잘게요. 30분만요."라고 말하지만, 그 시간이 두세 시간으로 늘어나는 것은 흔한 일입니다.

밤마다 휴대폰을 보던 학생이 다음 날 학교에 가면 어떤 상태일까요? 정신이 몽롱한 채 등교해 1교시가 시작되기 전부터 정신을 차리지 못하고 엎드려 있거나, 앉아 있어도 눈에 힘이 없습니다. 수업이 시작되면 본격적으로 졸음이 쏟아집니다. 심한 경우 머리가 까딱까딱 떨어지는 '헤드뱅잉'이 시작됩니다. 공부 의지가 있는 학생들은 잠을 쫓으려고 뒤쪽 스탠딩 책상으로 가서 수업을 듣기도 하지만, 그런 의지조차 없는 학생들은 교실에서 대놓고 엎드려 잠들어 버립니다. 이들을 깨우는 것도 어려운데, 열심히 참여하고 있는 다른 학생들의 수업 흐름을 방해하게 되기 때문입니다.

그렇게 오전 1~4교시를 견디고 점심시간이 되면 잠시 정신이 돌아옵니다. 급식을 먹고 운동장에서 공을 차거나 친구들과 수다를 떨며 잠깐 활력을 찾습니다. 하지만 5교시가 되면 식곤증이 밀려와 다시 졸기 시작합니다. 오후 수업도 비슷한 흐름으로 지나가고, 하교 시간이 되어서야 비로소 정신이 또렷해지기 시작합니다. 그러고는 학원에 갑니다. 실제로 공부다운 공부는 오후 6시쯤에야 처음 이뤄지는 셈입니다.

하지만 학교 현행 진도는 놓친 채 학원에서 선행 학습만 하려 하니, 현행이 안 되는 상태에서 선행이 제대로 될 리가 없습니다. 그렇게 두 달 정도를 보내면 시험 기간이 찾아옵니다. 학교에서는 보통 4주 전에 시험 범위를 공지합니다.

그러나 밤 10시가 되면 상황이 다시 반복됩니다. 스마트폰으로 게임을 하고, 쇼츠와 릴스를 보며 친구들과 DM을 주고받기 시작합니다. 정신이 말똥해지고 기분이 살아나기 시작하는 시간입니다. 하루 중 가장 정신이 맑은 순간이 오히려 이때입니다. 그 상태로 휴대폰에 몰입하다 보면 '한 시간만 하고 숙제해야지.' 하던 것이 두세 시간이 되고, 어느새 새벽 2시가 됩니다. '이제 자야 하는데.' 생각하면서도 손에서 휴대폰을 놓지 못합니다. 그러다 결국 새벽 4시가 되어서야 휴대폰을 내려놓고 잠자리에 듭니다.

휴대폰 중독 체크리스트

1. 아침에 눈 뜨자마자 카톡, 인스타 등 메시지부터 확인한다.

2. 등교하는 차 안에서나 길을 걸을 때 휴대폰을 본다.

3. 등교 후 휴대폰 제출 시간이 되면 아쉬워하며 태블릿을 꺼낸다.

4. 수업 중에도 메신저 알림을 태블릿으로 확인한다.

5. 쉬는 시간이나 잠깐의 여유가 생기면 바로 휴대폰을 확인한다.

6. '30분만 해야지.' 했다가 두세 시간이 지나 있는 경우가 자주 있다.

7. 특별한 목적 없이 휴대폰을 만지작거리며 이것저것 둘러본다.

8. 휴대폰이 없으면 쉬는 시간에 뭘 하고 쉬어야 할지 잘 모른다.

9. 대화 상대가 앞에 있어도 수시로 휴대폰을 확인한다.

10. 해야 할 공부나 과제가 있어도 휴대폰을 보고 싶어 계속 미룬다.

11. 자야 할 시간인데도 새벽 한두 시까지 휴대폰을 보느라 수면 부족을 자주 겪는다.

12. 늦게 자는 걸 매번 후회하면서도 같은 악순환을 반복한다.

13. 학업을 위해 휴대폰을 없애거나 2G폰으로 바꿔야 한다는 걸 알지만, 휴대폰 없이 지낼 것이 두려워 결단을 내리지 못한다.

14. 가정이나 학교에서 여러 번 지적을 받았지만, 혼나더라도 휴대폰을 쓰는 것이 더 낫다고 생각해 꾸지람 듣는 걸 감수한다.

15. 스스로 휴대폰 중독임을 알지만 고칠 의지가 없거나 과이존 상태라 엄두가 나지 않는다.

다음 날 아침 7시. 잔 것 같지도 않은데 부모님이 깨웁니다. 눈은 잘 떠지지 않고, 정신도 몽롱합니다. 학교에 가는 것이 달갑지 않습니다. 침대에 누워 자고 싶은 마음뿐입니다. 무거운 몸을 이끌고 학교에 가면 다시 책상에 엎드려 자기 시작합니다. 이렇게 악순환이 반복됩니다.

하지만 자기통제력이 없는 것은 하루아침에 일어난 일이 아닙니다. 학생이 열일곱 살이라면, 지난 17년 동안 가정 환경에서 자기통제에 대한 교육과 적절한 훈육을 충분히 받지 못했을 가능성이 큽니다. 더 늦기 전에 아이의 자기통제력을 길러야 합니다. 앞서 말했지만 스마트폰과 함께하는 수험 생활에 통제란 존재할 수 없습니다. 기본적인 학교생활에서 뒤처지지 않으려면 아이가 스마트폰에 잠식되는 악순환을 끊을 수 있게 하는 데 집중하시기 바랍니다.

초중고 시기별 자기통제력 기르는 법

자기 조절은 억제 조절의 한 측면으로, 유혹이나 충동으로부터 감정, 사고, 행동을 스스로 조절하는 능력을 의미합니다. 집행 기능의 하나로서, 특정 목적을 달성하기 위해 필요한 인지적 조절 과정을 포함하죠. 미국의 저명한 교육 심리학자인 배리 짐머만은 '학습자가 어떻게 자신의 학습을 조절해 나가는가?'라는 질문에 집중하며 자기 조절 학습 연구를 본격적으로 발전시킨 인물입니다. 그는 자기 조절 학습의 핵심 특징을 다음의 세 요소로 정리했습니다.

> 자기 관찰: 자신의 행동을 스스로 관찰하고 감시하는 과정
>
> 자기 판단: 자신의 행동과 수행을 스스로 평가하는 과정
>
> 자가 반응: 평가 결과에 대해 적절하게 반응하고 조정하는 과정

짐머만은 이 세 가지 과정을 통해 학습자가 학업의 주인이자 성취를 촉진하는 실질적 주체가 된다고 강조했습니다. 즉, 자기 조절

이 이루어지려면 자신의 행동을 스스로 관찰하고, 판단하고, 그 결과에 따라 반응하는 전 과정이 외부의 강요가 아닌 '자기 의지'로 이루어져야 한다는 의미입니다. 이것이 자기 조절의 핵심입니다. 이는 오늘날 강조되는 자기 주도 학습 능력과도 깊은 관련이 있습니다. 대부분의 성취는 훈련을 통해 가능하며, 학업 역시 예외가 아닙니다. 그리고 훈련 중에서도 가장 중요한 것은 결국 자기 훈련입니다. 부모가 일거수일투족 챙겨 주어야 한다면 그 학생은 자기 주도적으로 학습하기 어렵고, 나중에 인생에서도 주도성을 갖기 힘듭니다. 당연히 대입에서도 좋은 결과를 내기 어렵습니다. 이러한 이유로 어릴 때부터 자기통제력을 기르는 것이 매우 중요합니다. 그렇다면 시기별로 자기통제력을 어떻게 길러줄 수 있을까요?

1) 초등학교

자기통제력이 그 어느 때보다 중요한 시기입니다. 초등학교 시절에 이 능력을 충분히 키워 두어야 중고등학교에 올라가 본격적으로 스스로를 조절하고 자기 주도 학습을 실천하며 대입에서도 의미 있는 성과를 낼 수 있습니다. 하고 싶은 일과 해야 할 일이 겹칠 때는 해야 할 일을 먼저 마친 뒤에 하고 싶은 일을 하도록 지도하는 것이 좋습니다. 아이들이 부모의 말을 흘려듣는 것처럼 보이지만 실제로는 대부분 다 듣고 있습니다. 부모가 먼저 해야 할 일을 끝내고 원

하는 일을 하는 모습을 보이면 아이는 그 원리를 자연스럽게 배우
게 됩니다.

　자기통제력은 학교생활과 학습에서도 매우 중요합니다. 수업 시
간에 친구들과 이야기하고 장난치고 싶은 마음을 억누르며 선생님
설명에 집중하는 태도는 공부의 기본이자 핵심입니다. 집에 와서
계속 쉬고 싶은 마음이 들어도 잠시 휴식한 뒤 숙제를 하는 조절 능
력 역시 학업의 기반이 됩니다. 초등 고학년 시기에는 어떤 학원을
얼마나 다닐지 부모와 의견을 나누고 최종 결정을 스스로 해 보게
하는 것이 좋습니다. 아직 아이는 성인처럼 다양한 요소를 고려하
기 어렵기 때문에 아이가 놓치는 부분은 부모가 충분히 알려 주고
더 현명한 판단을 할 수 있도록 도와야 합니다. 결정한 뒤에는 학원
을 다니는 과정에서 특별한 문제가 없으면 수업을 책임감 있게 듣
고 숙제를 스스로 하는 태도를 갖도록 이끌어야 합니다. 하루에 TV
를 얼마나 볼지에 대해서도 부모와 충분히 이야기해 스스로 정하도
록 할 필요가 있습니다. 스스로 정한 시간만큼 시청하고 스스로 끄
게끔 하는 과정은 유치원 시절부터 충분히 훈련할 수 있습니다.

초등 시기 자기통제력 키우는 세 가시 방법

1. 작은 보상 지연하기

"지금 TV 15분 볼래 아니면 숙제 끝내고 30분 볼래?" 같은 선택

훈련을 합니다. 즉각적 만족을 미루는 연습이 자기통제력의 기본입니다.

2. 게임화된 규칙 지키기

보드게임, 규칙 있는 놀이를 통해 차례 기다리기, 순서 지키기를 자연스럽게 익히게 합니다.

3. 감정 언어화 연습

화가 나서 친구를 밀치고 싶을 때 그러는 대신 "나 지금 화났어."라고 말하는 방법을 가르칩니다. 감정을 언어로 표현하는 것이 행동 통제의 시작입니다.

2) 중학교

태어나 초등 6년을 포함해 10년 가까운 시간 동안 자기통제력을 쌓은 학생은 절제력이 생기고 하기 싫은 일도 책임감 있게 하는 능력이 형성되기 시작합니다. 이 시기부터 학생들 사이의 격차는 크게 벌어집니다. 반대로 자신의 감정과 충동을 조절하지 못하는 학생은 수업 시간에 집중하지 못하고 딴짓을 하거나 친구와 잡담을 나누는 모습을 보입니다. 학교생활 전반에서 행동과 습관이 정돈되지 않아 선생님에게 지적받는 일이 잦고 학습에서도 좋은 성과를 기대하기 어렵습니다. 하교 후 학원에 가서도 충동과 감정, 행동을 조절하지 못해 집중이 잘 되지 않습니다. 이러한 상태에서는 아무리 많은 학원을 다녀도 사교육의 효과가 나타나기 어렵습니다. 학교와 학원 숙제를 제때 해 가지 못하는 경우도 자주 생기며 계획과 실천, 자기통제와 집중을 통해 성적이라는 결과를 내야 하는 시험에서도 성취를 이루기 어렵습니다.

중학교에 와서야 자기통제력을 키우기 시작한다면 행동을 고치는 데 많은 시간이 필요합니다. 생활 습관과 공부 습관은 어릴 때부터 바로잡아 두어야 합니다. 초등 시기에 자기통제력을 충분히 기르지 못한 채 중학교에 올라왔다면 생활 전반의 태도부터 다시 세워야 합니다. 하루하루 주어지는 일에 책임을 갖는 태도를 만드는 것부터 시작하는 게 좋습니다. 가정에서는 이불 정리와 책상 정리부터 해 보세요. 학교와 학원에서는 수업을 집중해서 듣고 하교 후에는 스스로 그날 배운 내용을 복습해 보고요. 처음부터 잘될 리는 없습니다. 그럴 때 '역시 나는 안 되네.' 혹은 '이미 늦었어.'라고 생각하지 말고 할 수 있는 가장 작은 행동과 습관부터 하나씩 바로잡아야 합니다. 아주 작은 행동이라도 매일 쌓이면 생활 습관과 공부 습관으로 이어집니다. 그것이 내일 자신의 자기통제력을 조금씩 키우는 방법입니다. 처음에는 0.1퍼센트의 변화처럼 보일지 몰라도 그 변화가 1퍼센트가 되고 10퍼센트가 되고 결국 100퍼센트를 채우는 기반이 됩니다.

1. 디지털 기기 사용 시간 제한

휴대폰, 컴퓨터 사용 시간을 스스로 정하고, 타이머나 앱으로 관리하게 합니다. 자기 규칙을 지키는 경험이 통제력을 강화합니다.

2. 목표-보상 구조 만들기

'수학 문제집 20쪽 끝내면 친구와 30분 놀기'처럼 목표 달성 후 보상이 이어지도록 스스로 설계합니다.

3. 마음 챙김과 호흡 훈련

시험 전 불안, 친구와의 갈등 상황 등에서 1~2분 정도 깊게 호흡하며 감정을 다스리는 연습을 합니다.

3) 고등학교

고등학생이 되면 거의 성인에 가까운 판단력을 갖추게 됩니다. 이 시기에는 스마트폰과의 싸움에서 스스로 이길 수 있는지가 성적을 좌우합니다. 이기기 어렵다는 판단이 들면 과감하게 공신폰 같은 단순한 휴대폰으로 바꾸는 결단이 필요합니다. 이 선택은 부모가 강요하는 것이 아니라 학생 스스로 내려야 갈등 없이 효과를 낼 수 있습니다.

고등학생에게 자기통제력이 필요한 순간은 하루에도 여러 번 찾아옵니다. 하루 종일 공부하느라 피곤할 때 그래도 자습을 하고 집에 갈지, 집에서 쉬다가 자습을 할지 고민이 생깁니다. 집에 가면 배가 부르고 침대에 눕고 싶은 마음이 들고 머리를 식힌다는 핑계로 휴대폰을 30분만 하려다 두세 시간이 지나기도 합니다. 처음에는 이런 자신의 모습에 놀라고 후회도 하지만 몇 번 반복되면 놀라지도 않고 자책도 하지 않게 됩니다. 이렇게 집에서 노는 생활 패턴에 익숙해지면 성적 향상과는 점점 멀어지고 SKY 합격은 더 멀어집니다. 그러고는 이런 질문을 하기도 합니다.

"선생님 이상해요. 쟤는 쉬는 시간마다 놀고 운동하는데 또 반에서 1등 했어요."

저는 이렇게 답합니다.

"얘야, 그 친구는 쉬는 시간을 제외한 모든 시간에 집중해서 수업을 듣고 학교에서 하는 야자도 빠지지 않아. 주말에는 하루에 열다섯 시간씩 독서실에서 자습하거든."

보이는 모습만이 전부가 아닙니다. 하교 후에 어떤 생활 패턴을 가지고 있는지, 집에서 어떻게 시간을 보내는지, 주말을 어떻게 사용하는지가 성적을 결정합니다. 아이가 자기통제력을 발휘할 수 있도록 주의를 기울여 주세요.

1. 우선순위 관리

당장 하고 싶은 일(게임, 유튜브)보다 중요한 일(시험 공부)을 선택하는 힘을 길러야 합니다. 플래너 쓰기, 체크리스트 관리를 통해서 중요도 높은 일부터 처리하도록 훈련합니다.

2. 자기 점검 루틴

매일 저녁 '오늘 계획을 얼마나 지켰는가?'를 짧게 기록하게 합니다. 자기 모니터링이 자기통제력 강화에 직접적인 영향을 미칩니다.

3. 장기적 보상 인식

대학 합격, 원하는 진로 등 큰 목표를 지속적으로 상기시켜 순간적 유혹을 이겨 내는 내적 동기 부여로 삼습니다.

자기통제는 극단이 아닌 중간에서 찾을 수 있다

박○연

서울대 컴퓨터공학과 재학 중

Q1. SKY에 합격한 비결이 무엇인지 궁금합니다.

저에게 가장 큰 원동력은 스스로 할 수 있다는 믿음이었습니다. 주변의 기대보다도 제가 저 자신에게 가졌던 확신이 더 큰 힘이 되었고, 어릴 때부터 힘든 공부도 끝까지 해낼 수 있는 사람이라는 믿음을 지키고 싶었습니다. 힘든 순간에도 포기하면 결국 스스로 실망하게 된다는 생각으로 끝까지 노력할 수 있었습니다.

Q2. SKY 합격에 도움이 된 나만의 공부 방법이 있을까요?

저는 수시 일반 선형으로 입학했기에 내신을 중심으로 준비했습니다. 무엇보다 수업을 충실히 듣는 것을 가장 중요하게 여겼고, 교과서 내용에서 의문이 드는 부분은 그냥 넘기지 않고 식섭 찾아보며 이해하려 노력했습니다. 이러한 태도가 내신 고득점으로 이어졌다고 생각합니다. 과목별로는 공부법을 달리했는데, 생물처럼 암기 비중이 큰 과목은 반복 학습과 메모를 통해 정리했고, 수학은 다양한 응용 문제를 풀며 개념을 체화하는 방식으로 공부했습니다.

[개별 질문] #자기통제력

Q1. 성장 과정에서 특별히 자기통제력을 위해 노력한 것이나 부모님의 교육 방법 같은 게 있을까요?

저는 일정 분량의 공부를 마치면 웹툰을 한 편 보는 식으로 스스로 보상을 주며 학습을 조절했습니다. 공부를 단계별로 나누면 단기 목표가 분명해지고, 잠깐의 휴식이 오히려 몰입도를 높여 준다고 느꼈기 때문입니다. 또한 초중학교 시절부터 숙제든 뭐든 해야 하는 것 이상을 해내려는 저만의 기준이 있었고, 이를 지키기 위해 제 나름의 당근과 채찍으로 자기통제를 해 왔습니다. 해야 할 최소한의 목표를 지키는 것이 스스로에 대한 신뢰와 자존감을 유지하는 데 중요하다고 생각했습니다.

Q2. 공부는 하기 싫어도 해야 하는 일이지만 실천은 항상 어렵죠. 하기 싫어도 하게 되는 비결 같은 걸 구체적으로 알려 주세요.

혼자 있을 때 통제가 어려우면 스터디 카페로 갔고, 친구와 휴대폰 사용 시 벌금을 내기로 약속하기도 했습니다. 그래도 유혹이 크면 전원을 *끄고* 가방에 넣어 두었습니다. 이미 집중이 흐트러진 상태에서는 마음을 다잡기 어려웠기에, 공부하러 간다기보다 일단 스터디 카페에 가서 휴대폰을 *끄는* 것부터 하자고 다짐했고, 그 행동이 공부로 자연스럽게 이어졌습니다.

나에게 관대해지면
성적도 나태해진다

이○은

서울대 외교학과, 경영학과 졸업
삼성전자 재직 중

Q1. SKY에 합격한 비결이 무엇인지 궁금합니다.

저의 큰 강점은 스스로를 밀어붙이는 끈기였습니다. 경쟁심이 강해 목표가 생기면 유혹에 흔들리지 않고 집중하는 성격이었고, 고등학교 내내 목표한 대학과 성적을 위해 치열하게 공부했습니다.

Q2. SKY 합격에 도움이 된 나만의 공부 방법이 있을까요?

해외에서 초등학교에 다니다 한국에 돌아왔더니 다른 친구들에 비해 뒤처졌는데, 오히려 이 경험을 통해 선행보다 기초를 다지는 것이 중요하다는 것을 깨달았습니다. 기숙 학교 생활로 학원은 주말에만 최소한으로 다녔고, 평일에는 교과서와 수업 교재를 이해하는 데 집중했습니다. 시험 전 범위를 정리한 뒤 회독할 때마다 표시해

가며 반복 학습하여 단권화를 목표로 했습니다.

[개별 질문] #자기통제력

Q1. 성장 과정에서 특별히 자기통제력을 위해 노력한 것이나 부모님의 교육 방법 같은 게 있을까요?

기질의 영향이 크다고 생각합니다. 저는 계획에서 벗어나면 불편함을 느끼며 스스로를 엄격히 관리하는 편입니다. 또한 어릴 때 중국 현지 학교에서 낯선 환경에 적응하며 버틴 경험이 쉽게 포기하지 않는 끈기를 키워 줬습니다.

Q2. 공부는 하기 싫어도 해야 하는 일이지만 실천은 항상 어렵죠. 하기 싫어도 하게 되는 비결 같은 걸 구체적으로 알려 주세요.

저는 공부를 하지 않거나 자습을 건너뛰는 것을 선택지로 두지 않았습니다. 견디기 힘들 만큼 졸릴 때 잠깐 엎드려 자는 경우를 제외하면, 공부를 대신할 다른 일을 떠올리지 않았습니다. 학교는 산 위에 있어 외출이 쉽지 않았고, 규율도 엄격해 늦잠이나 딴짓이 현실적으로 불가능한 환경이었습니다. 시내에 가는 것도 시간이 많이 들었기에 아파도 병원에 가지 않고 버티기도 했고, 시험을 본 날에만 외출증을 받아 편의점에 다녀오는 등 스트레스를 스스로 조절했습니다.

#실행력

방법 찾는 데 중독되면
방법만 찾다가 입시 끝난다

요즘 공부 방법과 육아 방법을 안내하는 책과 유튜브 채널이 정말 많습니다. 저 또한 다양한 강연을 통해 초중고 학생들에게 공부 방법을 소개해 왔습니다. 그러다 보니 특이한 현상을 발견하게 되었습니다. 아무리 좋은 시기별 공부 방법과 과목별 공부 방법을 알려 줘도 이를 자신에게 적용해 실천하는 사람이 거의 없다는 사실입니다. 공부를 잘하는 방법을 알고 싶어 여러 자료를 찾아보지만 막상 자신의 생활에 적용하려면 지금까지 해온 패턴과 다른 방식으로 움직여야 하고 그 과정이 힘들기 때문에 행동으로 옮기지 않는 것입니다. 자기계발서를 많이 읽어도 현실은 그대로인 것과 같은 현상이지요.

다이어트를 하려면 탄수화물, 지방과 당의 섭취를 줄이고 꾸준히 운동해야 한다는 사실을 누구나 알고 있습니다. 그러나 실천은 쉽지 않습니다. 당장 편안함과 만족을 주는 습관에 익숙해져 있기 때문에 그것에서 벗어나 힘든 과정을 견디는 일이 어렵기 때문입니다. 지금 당장은 힘들 수 있겠지만 정직한 과정을 거쳐야 원하는 결과를 얻을 수 있다는 사실은 누구나 압니다. 하지만 이것을 현실로 만드는 사람은 극히 적습니다.

운동 계획 짜는 데 세 시간 버릴 바에야 당장 나가서 5분이라도 뛰어라

실행을 통해 원하는 대학에 합격한 학생의 성장 과정을 들려드리려고 합니다. 이 학생은 고등학교 1학년 때 제가 담임을 맡았던 여학생입니다. 계획을 세우는 것을 좋아한 학생이었죠. 노트에는 공부법과 학습 계획이 정리된 표와 도식이 가득했고 필기도 정성스럽게 했으며 플래너도 빽빽하게 채워 두었습니다. 그러나 한 학기 동안 지켜본 결과, 계획은 완벽했지만 실행력과 지속성이 부족하다는 점이 문제였습니다.

상담을 해 보니 자신에게 맞는 공부 방법을 모르겠고 좋은 문제집을 고르는 기준도 모르겠고 효율적으로 공부하는 방법도 모르겠고 자신에게 맞는 학원도 찾지 못하겠다는 고민을 털어놓았습니다. 저는 이런 고민보다 더 중요한 것이 있다며 계획에만 몰두하지 말고 지금 눈앞의 과제를 하나라도 당장 시작하라고 조언했습니다.

그날 이후 이 학생은 공부법 영상을 찾아보거나 플래너를 꾸미는 대신 영어 단어를 한 장 더 외우기 시작했습니다. 수학 공부 방법을 찾는 일도 멈추고 혼자 오래 고민하며 문제를 하나라도 더 풀기 위해 노력했습니다. 그러다 보니 조금이라도 계획을 실천하면 마음이 가벼워진다는 사실을 깨달았다고 말했습니다. 그때부터 이 학생은 완벽한 계획보다 일단 해 보는 태도를 더 중요하게 여기게 되었습니다. 고등학교 1학년 2학기가 그렇게 지나고 2학년이 되었을 때 저는 영어 교사로 다시 이 학생을 만나게 되었습니다. 2학년이 되자 성적 경쟁이 더 치열해지면서 친구들은 효율적인 공부법을 찾아 헤매고 인터넷 강의나 필기법을 바꾸는 등 흔들리는 분위기였고 이 학생도 불안감을 느꼈다고 했습니다. 그러나 이 학생은 방법 찾기에 시간을 쓰기보다 공부하는 횟수와 시간을 늘리는 쪽을 선택했습니다. 지금 택한 공부법이 효율적인지 아닌지 확신은 없었지만 계속 노력하고 있다고 했죠.

그 결과 행동의 중요성을 느낀 지 1년이 지나자 성적 상승을 확실히 체감했고 일단 실행하는 것이 답이라는 깨달음을 완전히 체득하게 되었습니다. 완벽한 방법을 찾을 시간에 계속 움직이는 것이 더 낫다는 사실을 알게 된 학생은 고3이 되어서도 늘 부지런히 공부에 집중했지만, 9월 모의평가에서 수학 4등급을 받으며 좌절하게 됩니다. 수능이 코앞인데 가장 약한 과목 성적이 무너진 것이었으니 포기하고 싶었을 만도 한데 이 학생은 '일단 할 수 있는 것을 실행하는 것'이 정답이라고 믿었기에 모의고사가 끝난 날에도 피곤함을 무릅쓰고 밤까지 학교에 남아 모든 오답을 정리했습니다. 문제 하나하나를 분석하면서 왜 4등급이 나왔는지 명확하게 파악했고 그 자리에서 부족한 부분을 확인하고 정리하면서 수능 때까지 수학에 집중했습니다. 틀린 문제는 반드시 그날 해결해 자신의 것으로 만든다는 원칙을 지켰고 이런 행동력 덕분에 부족한 부분을 빠르게 보완할 수 있었습니다. 수능 당일에도 모르는 문제에 당황하지 않고 풀 수 있는 문제에만 집중했다고 합니다. 그 결과 정시 전형으로 목표하던 대학교의 경영학과에 합격했습니다. 합격 후 제가 성공 비결을 물었을 때 이 학생은 공부법을 찾기보다 지금 할 수 있는 것을 했고 그게 쌓이니까 방법이 자연스럽게 보이더라고 말했습니다. 그럴싸한 방법을 찾느라 멈춰 있던 자신에게 그냥 해 보자는 말이 합격의 문을 열어 준 것 같은 기분이라고요.

완벽한 방법을 찾기보다 지금 한 걸음이라도 움직이는 실행력이 진짜 성장의 열쇠라고 생각합니다. 공부는 머리싸움이 아니라 행동의 누적입니다. 방법은 실행하는 과정에서 발견되는 법입니다. 그러므로 고민할 시간에 펜을 들고 공부를 시작해야 합니다. 아무리 많은 것을 알려 줘도 실천하지 않는 마음가짐으로는 원하는 것을 이루기 어렵습니다. 다른 사람의 성공 공식을 부러워하기 전에 나에게 맞는 것을 찾아 하나라도 더 시도해 보세요. 실행이 답입니다.

'의미'와 '재미'만 찾아 주면
말려도 공부한다

개천에서 용 나는 시대가 끝났다는 말이 흔히 들립니다. 부모의 재력과 정보력이 그 어느 때보다 중요하다는 말도 자주 들립니다. 물론 이런 요소들이 영향을 미치는 것은 사실이지만 이것이 전부는 아닙니다. 예전에도 그랬고 지금도 그렇고 앞으로도 통할 정신, 바로 'SKY 멘탈'을 갖춘다면 환경이 다소 불리하더라도 충분히 해낼 수 있습니다.

이미 이를 증명한 사람들도 많습니다. 사회 탐구 영역 일타 강사로 유명한 이지영 선생님의 이야기가 널리 알려져 있죠. 선생님은 평생 트럭을 몰던 아버지와 초등학교를 제대로 졸업하지 못한 어머니, 여러 형제와 함께 어린 시절을 반지하 월세방에서 보냈습니다. 반지하에 물이 차 수해를 입은 적도 있고 교복을 살 돈이 없어 선배 교복을 물려받아 입었으며 남이 다 푼 문제집을 주워 공부해야 할 만큼 가난했습니다. 아궁이에 불을 때는 집에서 살기도 했고 급식이 보편적이지 않던 시절에는 생활 보호 대상자만 받는 파란색 도시락 통 때문에 놀림받기도 했습니다. 그럼에도 선생님은 가난이 불편할 것일 뿐, 부끄러운 것은 아니라고 생각했고 오히려 일기장에 '나는 결국 잘될 사람이다.'라고 적으며 미래를 그렸습니다. 가난을 극복하고자 노력한 선생님의 이야기는 지금도 많은 학생에게 희망을 줍니다.

이지영 선생님은 금수저만 성공할 수 있다는 인식을 깨고 환경이 어려워도 할 수 있다는 신념을 강조합니다. 다시 고3으로 돌아가라고 하면 눈물이 날 것 같다, 그때만큼 열심히 할 자신이 없기 때문이다, 이렇게 말할 만큼 후회가 남지 않도록 최선을 다했던 경험에서 오는 메시지입니다. 어머니가 너무 지독하게 공부하지 말라며 새벽에 불을 끄고 가면 이불 속에 랜턴을 켜고 공부를 이어 갔다는 일화도 유명합니다. 어떻게 이런 행동이 가능했을까요? 이지영 선생님은 공부에서 '의미'와 '재미'를 모두 찾았기 때문입니다. 절박한 환경을 벗어나겠다는 의미와 공부 자체에서 느낀 재미, 그 둘이 함께 있을 때는 아무리 말려도 공부하게 됩니다. 이지영 선생님은

"공부에서 가장 중요한 것은 공부 자체를 즐기는 것이다. 나는 고등학교 시험 과정이 마치 게임 같았다. 열심히 해서 다 맞아야지 하는 마음으로 임했다."라고 말합니다.

누가 시켜서 하는 공부가 아니라 스스로 의미와 재미를 찾는 공부를 하는 게 중요합니다. 부모라면 억지로 공부를 시키는 대신 아이가 공부에서 의미와 재미를 느낄 수 있도록 도와야 합니다. 그렇게 되면 말려도, 숨어서라도, 잠을 줄여서라도 공부하게 됩니다.

입시 12년,
공부의 의미와 재미를 찾는 키워드

이제 입시의 실제 흐름과 맞닿은 방식으로 초중고 각 시기별로 현실적이고 일상에서 실천할 수 있는 공부의 의미와 재미 찾기 방법을 제시하겠습니다. 입시의 단계별 과제와도 연결됩니다. 초등은 습관 형성, 중등은 자기 주도, 고등은 성취 체감입니다.

먼저 초등 시기는 공부 습관을 만드는 단계입니다. 공부는 루틴이라는 의미를 깨닫게 하는 것이 중요합니다. 공부를 매일 하는 것의 의미, 공부를 하면 실력이 늘고 실력이 늘면 재미가 생긴다는 것을 직접 느끼게 해야 합니다.

첫째, 공부를 생활 루틴으로 만듭니다. 매일 같은 시간에 15분에서 20분 정도 고정 공부 시간을 만드는 방식입니다. 매일 아침 독서 다섯 쪽, 저녁에는 영어 단어 열 개 암기처럼 가볍게 루틴을 짜는 방법이 좋습니다. 시간보다는 정해진 자리와 순서를 유지하는 것이 핵심이며 매일 공부가 루틴이 되면 초등학생도 성취감을 느낍니다.

둘째, 성취 시각화 노트를 만드는 것을 권합니다. 독서나 암기 등 매일의 성취를 한 줄로 기록하는 방식입니다. 구구단을 외웠다, 과학책 몇 쪽을 읽었다 하는 식으로 누적이 눈에 보이면 성취 자체가 재미가 되고 다시 실천할 수 있는 원동력이 됩니다.

셋째, 공부로 발견한 성장을 기록합니다. 매주 일요일 부모님과 함께 이번 주 공부에서 새롭게 이해한 것과 성장한 점을 한 줄로 적습니다. 어려웠던 곱셈을 혼자 풀게 됐다거나 책 한 권을 읽었다는 식의 기록을 통해 공부는 나의 성장을 돕는 도구라는 의미가 자연스럽게 내면화됩니다.

다음은 중등 시기입니다. 이 시기는 공부 목표를 스스로 세우고 실천하는 단계이며 공부의 주인은 나라는 의미를 찾는 시기입니다. 내신 시험이 시작되고 과목이 늘어나며 처음으로 공식 성적표를 받는 시기이기 때문에 계획하고 실천한다는 주도감이 공부의 재미가 됩니다.

첫째, 스스로 과목에 대한 계획을 세워 보는 것으로 시작합니다. 아침에 오늘 공부할 과목 하나만 정하고 이유를 적습니다. 수행 평가 발표가 있어 과학을 한다는 식으로 스스로 선택권을 가지면 공부가 덜 억압적으로 느껴지고 주도감이 생깁니다. 처음부터 많은 과목을 계획하면 지키기 어렵기 때문에 한 과목에서 시작해 점차 늘려 가는 것이 좋습니다.

둘째, 2주 단위 성취 그래프를 만들어 봅니다. 중학생은 보통 시험 전 2주 동안 집중 대비를 합니다. 이 기간 동안 과목별 범위, 문제 수, 공부 시간을 그래프로 시각화합니다. 매일 기록하다 보면 실력이 눈에 보이는 곡선으로 나타나고 성과가 보이면 재미가 붙습니다.

셋째, 시험 오답 노트를 적습니다. 시험이나 과제에서의 실수 이유를 정리하는 방법입니다. 시험 준비 기간이 짧았는지, 시간 관리가 부족했는지, 개념 이해가 약했는지, 암기가 불완전했는지 등을 분석하고 다음 시험에서 개선되었는지 비교합니다. 이러한 과정을 꾸준히 하는 학생과 그렇지 않은 학생은 시간이 흐르면서 큰 차이가 납니다. 처음부터 혼자 하기 어렵다면 부모나 담임 교사, 교과 선생님, 학원 선생님의 도움을 받을 수 있습니다.

마지막으로 고등 시기는 공부의 본질과 성취를 연결하는 단계입니다. 공부는 목표 달성의 수단이자 자기 성장의 증거라는 의미를 체득하는 시기라고 할 수 있지요. 공부의 재미는 몰입과 성취가 순환되며 생깁니다.

첫째, 과목별 몰입 루틴을 만듭니다. 매일 같은 시간에 한 과목을 집중적으로 공부하는 방식입니다. 고3이 될수록 효과가 큽니다. 수능 시간표에 맞춰 오전에는 국어와 수학을, 오후에는 영어와 탐구 과목을 공부하며 뇌와 몸을 시험 시간에 맞게 훈련하면 됩니다. 처음부터 100분간 집중하기는 어려우므로 30분부터 시작해 점차 시간을 늘리면 좋습니다. 집중이 쌓이면 자신을 뛰어넘는 성취감을 느끼게 되고 이것이 다음 단계로 가는 힘이 됩니다.

둘째, 점수보다 이해의 확장을 기록하는 성장 일지를 작성합니다. 매일 공부 후 새롭게 이해한 개념을 한 줄로 적습니다. 벡터 합성 원리를 직접 이해했다거나 수행 평가로 상대성 원리를 이해했다는 식의 기록이 이해의 확장을 즐거움으로 바꾸고 공부의 의미를 강화합니다. 이런 즐거움이 지속되면 성적은 자연히 따라옵니다.

셋째, 나의 공부 이유를 한 문장으로 선언해 봅니다. 공부를 시작하기 전에 마음속으로 이 문장을 되새깁니다. 특정 학과에서 무엇을 배우고 싶은지, 어떤 길을 가고 싶은지 명확히 선언하면 공부가 점수 싸움이 아니라 삶의 방향성과 연결되고 흔들리지 않는 동기가 생깁니다.

남 탓과 환경 탓은
될 일도 불가능한 일로 바꾼다

요즘 같은 시대는 좋지 않은 환경에서도 공부를 잘하기 쉬운 세
상일까요, 아닐까요. 이는 관점에 따라 매우 다르게 해석될 수 있습
니다. 수시 전형, 특히 학생부 종합 전형을 두고 귀족 전형이다, 기
득권에게 유리한 전형이다, 공정하지 않다는 말도 많이 나옵니다.
그러나 대입 정책과 대학의 선발 방식은 내가 정할 수 없습니다. 그
렇다면 그 안에서 내가 선택할 수 있는 것은 무엇인지, 어떤 전형이
나에게 가장 유리한지, 지금 환경에서 어떻게 공부하고 준비해야
최선의 결과를 만들 수 있는지에 집중하는 것이 현명합니다. 학군
이 좋은 지역에 살지 않아서, 대치동 같은 학원 시스템을 이용할 수

없어서 대입에서 불리하다고 느끼는 분들도 있습니다. 하지만 이른바 일타 강사 강의를 인터넷으로 수강할 수 있는 시대입니다. 인터넷만 된다면 대치동에 있든 산골 마을에 있든 같은 수업을 들으며 공부할 수 있다는 뜻입니다. 이런 강의가 부담스럽다면 EBS 강의만으로도 충분히 대비할 수 있습니다. 여기서 더 중요한 사실은 인터넷 강의의 완강률이 10%도 되지 않는다는 점입니다. 결국 내가 대치동에 살지 않는다는 사실보다 훨씬 중요한 것은 첫 강의부터 마지막 강의까지 끝까지 완주할 수 있는지가 아닐까요? 상위 10% 안에 드는 실행력을 가지고 있는지 스스로에게 물어야 합니다. 사는 동네를 탓하기 전에 내가 시작한 일을 끝까지 책임지고 완수하는 힘을 갖추었는지 먼저 점검하세요.

학생부 종합 전형은 학교생활 기록부에 나타나는 교과와 비교과를 종합적으로 평가하는 전형입니다. 하지만 그 안에서도 내신 성적이 절대적으로 중요하다는 사실은 누구나 알고 있습니다. 강남 8학군처럼 학업 경쟁이 치열한 곳은 공부를 잘하는 학생이 많기 때문에 내신 성적을 잘 받기 어렵습니다. 반대로 이런 지역이 아니라면 노력한 만큼 성적을 빚을 가능성이 더 커진다고 볼 수 있습니다. 어느 지역, 어느 학교에 있든 장점과 단점이 함께 존재합니다. 따라서 내가 좋은 동네에 살지 않아서, 좋은 학교에 다니지 않아서, 좋은 학원을 이용하지 못해서 불리하다고 말하기 전에 지금 내 자리에서 할 수 있는 것을 다 쏟아붓고 있는지, 실행력을 충분히 발휘하고 있는지 자기 객관화를 하는 것이 중요합니다. 모든 것은 마음먹기에 달려 있고 내가 실천한 만큼 결과는 정확하게 나타납니다.

시작은 창대하지만 끝은 미약한 사람의 공통점

인터넷 강의의 완강률이 낮은 것처럼 학생들의 평소 공부 모습도 용두사미인 경우가 많습니다. 처음에는 거창한 목표와 열정을 가지고 출발하지만 시간이 갈수록 흐지부지해지다 끝나고 마는 것이죠. 각 과목을 공부하다 보면 어려운 단원이 반드시 등장합니다. 대개 교재의 앞부분은 쉽고 뒤로 갈수록 난도가 올라갑니다. 그래서 많은 수포자 학생이 나는 늘 집합만 풀다가 수학 책을 덮었다고 말하곤 하죠. 이 글을 읽는 분 중에도 비슷한 경험에 뜨끔하는 분이 있을 것입니다. 공부를 시작할 때는 마음속에서 열정이 끓어오릅니다. 이번에는 성적을 올릴 수 있을 것 같다는 확신도 듭니다. 그러나 공부를 하다 보면 처음의 마음이 점차 식어 가는 것을 느끼게 됩니다. 이런 마음을 일시적인 열정이라고 부릅니다. 일시적인 열정은 일을 끝까지 밀어붙이는 힘이 되지 못하고 결과도 늘 아쉽게 남습니다. 그 이유는 실행력을 끌어올려 몸 전체가 반응하는 습관으로 만들지 못했기 때문입니다. 이렇게 용두사미로 끝내지 않기 위해서는 지겨운 구간을 버텨내는 힘, 즉 끈기를 반드시 길러야 합니다.

단군 신화에서 곰과 호랑이는 사람이 되기 위해 쑥과 마늘만 먹으며 동굴에서 지내야 했습니다. 호랑이는 중간에 뛰쳐나가 버렸고 곰만 끝까지 인내해 사람이 되었죠. 상상만 해도 쉽지 않은 일입니다. 쑥과 마늘만 먹으며 동굴에서 버틴다는 것이 얼마나 힘들었을지 짐작할 수 있지 않나요? 공부를 하다 보면 이와 비슷하게 견디기 힘든 구간이 반드시 찾아옵니다. 게다가 학년이 올라갈수록 학습의 내용은 더 깊어지고 문제의 난도도 높아집니다. 그 정점이 바로 대학 수학 능력 시험, 수능입니다. 수능이 도입된 지 30년이 넘었고 그동안 여러 차례 제도가 바뀌었지만 분명하게 알 수 있는 것은 전반적인 난도가 예전보다 높아졌다는 사실입니다. 과거 기출과 최근 기출을 비교해 보면 최근 것일수록 통합적 사고와 복합적 문제 해결 능력을 요구하는 문항이 많아졌습니다. 단순 지식만으로는 해결되지 않는 문제가 늘어난 것입니다. 이런 수능에서 높은 점수를 얻으려면 많은 훈련이 필요합니다. 그러나 필요한 능력을 끝까지 끌어올리지 못하는 학생들이 있습니다. 이들이 모두 공부 머리가 부족해서 그런 것일까요? 선천적으로 타고난 지능이 높지 않으면 극복이 불가능한 것일까요? 그렇지 않습니다.

부모가 알아서 다 해 주는 순간
아이는 바보가 된다

학업과 대입의 관점만 보자면 결국 고3 때 이런 통합적 사고력과 복합적 해결 능력을 요구하는 수능을 마스터해야 합니다. 이를 위해서는 어릴 때부터 복잡하고 어려운 일을 스스로 도전해 보고 시행착오를 겪으면서 몸으로 배우는 경험이 중요합니다. 하지만 요즘 부모들은 발 빠르게 정보를 모아 아이에게 필요한 것들을 먼저 찾아 주고 해결해 주는 경우가 많습니다.

어릴 때부터 많은 것을 부모가 대신 해결해 주는 구조에 익숙해진 아이들은 도전적인 과제나 머리가 아픈 일을 만나면 회피하는 경향을 보입니다. '이번에도 엄마가 알아서 해 주겠지. 나는 가만히 있으면 되겠지.', '내가 해도 부모님의 기준에는 부족할 거야. 지시가 떨어질 때까지 기다려야겠다.' 이런 태도가 굳어지지 않게 하려면 어릴 때부터 부모가 양육 태도를 잘 설정하고 일관되게 유지해야 합니다. '죽이 되든 밥이 되든 내 문제는 내가 해결해 봐야겠다.' 내 아이가 이런 마음으로 공부하고 살아가기를 바라지 않으십니까. 자녀가 앞으로의 삶을 스스로 헤쳐 나가길 바란다면 어릴 때부터 모든 것을 다 해결해 주는 방식은 지양해야 합니다. 부모가 일거수일투족 개입하면 복잡한 상황이 생겼을 때 스스로 해결하기보다 회피하거나 수동적으로 반응하기 쉽습니다. 이런 모습은 공부에서도 똑같이 나타납니다. 어려운 문제를 만나면 곧바로 해설부터 찾고 혼자 고민하는 시간을 건너뜁니다. 이해가 되지 않으면 바로 학원을 찾고 그래도 어렵다고 느끼면 과외를 요구합니다. 이렇게 학원과 과외를 모두 동원해도 정작 고등학교에 올라가면 힘을 쓰지 못하는 경우가 많습니다. 왜냐하면 내신 시험이든 수능 시험이든 시험을 치르는 순간만큼은 결국 학생 혼자서 해내야 하기 때문입니다.

'해야지'를 지우고
'했다'가 튀어나오는 루틴

공부를 잘하려면 일상의 공부 루틴을 잡아야 한다는 말을 많이 들었을 것입니다. 무엇을 공부해야 하는지는 알고 있지만 그 루틴을 끝까지 지키지 못하는 학생들이 있습니다. 이런 학생들을 단순히 게으르다, 의지가 약하다고만 볼 수 있을까요. 아이가 저렇게 행동하면 이렇게 말하는 부모님도 있죠. "너는 정신 상태가 글러 먹었어. 엄마 아빠 때는 학원 하나 안 다니고 문제집 살 돈도 없어서 교과서를 구멍 날 때까지 봤는데, 학원 보내 줘, 문제집 사 줘, 과외 붙여 줘, 그렇게 해 주는데도 공부를 매일 열심히 안 하는 이유가 뭐야. 맨날 미루는 이유가 뭐야? 게을러서는 답이 없어." 하지만 공부해야 한다는 걸 알면서도 계속 미루고 루틴을 지키지 못하는 학생 상당수는 단순히 의지가 부족한 게 아니라 심리적, 행동적 패턴의 문제를 겪고 있습니다. 그 특징을 다섯 가지로 정리해 볼 수 있습니다.

첫째, 완벽주의형 미루기입니다. 시작 전에 기준이 너무 높아서 아예 시작을 못 하는 유형입니다. 한번 시작하면 완벽하게 해야 한다는 생각 때문에 책상 정리, 계획표 작성, 교재 선택에 지나치게 에너지를 쓰고 정작 공부는 '이 상태로는 집중이 안 돼.', '어차피 목표 성적까지 못 갈 텐데 차라리 시작하지 말자.'라는 생각으로 미루게 됩니다. 자녀의 기질이 원래 완벽주의인 경우도 있고, 어릴 때부터 부모의 기준이 너무 높아서 그 기준에 길들여진 경우도 있습니다. 이런 학생에게는 '10분만 하기' 원칙이 필요합니다. 완벽하게 하는 것이 아니라 빠르게 시작하는 것을 목표로 삼는 것입니다. 부모 역시 어릴 때부터 기준을 지나치게 높게 강요하기보다 완벽하지 않더라도 일단 시작하는 것에 의미를 두도록 도와야 합니다. 완벽하지 않게 해도 괜찮다는 메시지가 필요합니다.

둘째, 감정 의존형입니다. 기분이 따라 줘야 움직이는 유형입니다. "오늘은 컨디션이 안 좋아서.", "기분이 올라올 때 해야 효율적이야." 같은 말을 자주 합니다. 이런 학생은 공부를 책임감과 의지가 아니라 감정 상태에 맡기기 때문에 꾸준함을 유지하기 어렵습니다. 이때는 기분을 일정하게 관리하는 법을 알려 줘야 합니다. 감정은 몸의 건강과도 밀접하게 연결되어 있으므로 수면, 식사, 기본 체력을 함께 관리해야 합니다. 그리고 공부를 하면 오히려 기분이 나아진다는 경험을 많이 쌓게 해 주는 것이 중요합니다. 공부를 해냈을 때 느끼는 가벼움과 후련함을 자주 경험해야 공부와 긍정적인 감정이 연결됩니다.

셋째, 즉각적 보상형입니다. 이런 학생은 결과가 바로 보이지 않으면 동기가 쉽게 꺼집니다. 즉각적인 성취가 없으면 금방 흥미를 잃고 루틴을 깨뜨립니다. 이 경우에는 공부의 보상을 즉시 느낄 수 있는 형태로 다시 설계해야 합니다. 예를 들어 공부 30분 후 좋아하는 음료 한 잔, 문제 열 개를 풀면 체크 표시로 성취감 느끼기, 일주일 동안 공부 목표를 지켰다면 주말에 좋아하는 드라마 두 편 보기처럼 자신에게 의미 있는 보상을 연결하는 것입니다. '공부-작은 성취-즉시 보상'의 구조를 만들어 주면 지속할 힘이 생깁니다.

넷째, 목표를 막연하게 세우는 유형입니다. '열심히 해야지.', '이번 주에는 공부 좀 해야지.'처럼 추상적인 다짐만 반복하고 구체적인 행동 계획이 없습니다. 이런 경우 뇌는 무엇을 해야 하는지 알지 못하고 지금 하지 않아도 큰일은 없겠다고 판단해 계속 피하게 됩니다. 이런 학생에게는 공부 단위를 명확히 하는 것이 필요합니다. '매일 아침 자습 시간에 영어 단어 서른 개 외우기', '매일 저녁 자기 주도 학습 첫 시간에 수학 개념 한 단원 정리하고 문제집 6페이지 풀기'처럼 시간, 과목, 분량이 구체적으로 드러나는 루틴을 만들도록 도와야 합니다.

다섯째, 스스로에 대한 실망이 누적되어 루틴이 완전히 무너진 유형입니다. 계획을 세우고 지키지 못하는 일이 여러 차례 반복되며 '나는 원래 의지가 약해.'라는 자기 이미지가 굳어진 경우입니다. 자존감이 떨어지고 '이번에도 어차피 못 지킬 거야.'라는 생각이 루틴 자체를 무너뜨립니다. 이런 학생에게는 아주 작은 성공 경험의 축적이 필요합니다. 하루 10분이라도 공부 루틴을 지킨 날에는 플래너나 달력에 표시하고 그 누적을 눈으로 보게 하는 것이 중요합니다. 10분이 20분이 되고, 점점 늘어나는 과정을 통해 성장과 성취를 직접 느끼며 자기 이미지를 다시 세워야 합니다.

습관이 먼저가 아니라 행동이 먼저다

—

지금까지 공부 루틴을 지키지 못하는 학생들의 다섯 가지 유형을 살펴보았습니다. 물론 타고난 공부 감각이 좋아 루틴을 대단한 노력 없이 지키는 학생들노 있습니다. 그러나 제가 만나 본 SKY 합격생과 졸업생들 대부분은 타고난 천재보다 노력형에 가깝습니다. 지능의 차이보다는 목표 의식과 끈기, 행동의 차이가 더 크게 작용

한다고 느꼈습니다. 그들은 그냥 합니다. 이것저것 핑계를 찾지 않고 해야겠다고 정한 일을 꾸준히 합니다. 처음에는 서툴러도 쭉 하다 보면 분명 잘하게 되는 지점이 생깁니다. 그들에게는 공부를 시작하기까지 많은 생각이 필요하지 않습니다. 공부를 비롯한 자신에게 주어진 일을 책임감 있게 완수하는 것이 이미 습관이 되었기 때문입니다. '왜 해야 하지, 나중에 할까, 조금만 미룰까?' 같은 생각을 길게 붙잡고 있지 않습니다. 어떤 학생들은 마치 밥을 먹듯 자연스럽게 공부합니다. 식사 시간이 되면 특별히 고민하지 않고 밥을 먹듯이 공부 시간이 되면 당연히 책상 앞에 앉습니다. 그 경지에 이르기까지 어릴 때부터 쌓아 온 오랜 습관과 노력이 있었다는 사실을 짐작할 수 있겠죠. 그런 사람들은 남들이 '해야지, 해야지.' 하면서도 휴대폰부터 찾고, 졸리다고 눕고, 컨디션을 핑계 삼는 동안 이미 자신의 할 일을 끝내 버립니다. 타고난 공부 머리를 가진 사람은 소수일 수 있지만 치열하게 노력하는 후천적 노력형 인재는 누구나 될 수 있습니다.

인간은 습관의 동물입니다. "처음에는 우리가 습관을 만들지만 나중에는 습관이 우리를 만든다." 영국 작가 존 드라이든의 말입니다. 아이들은 백지 상태에서 시작하기 때문에 좋은 습관을 만들어 주는 책임이 부모에게 주어집니다. 해야 할 일과 하고 싶은 일이 동시에 있을 때 아이들의 행동 패턴은 두 가지로 나뉩니다. 해야 할 일을 먼저 끝내고 그다음 하고 싶은 일을 즐겁게 하는 아이, 하고 싶은 일을 다 하고 나서야 해야 할 일을 부랴부랴 처리하는 아이. 자녀가 두 번째 유형이라면 왜 그런 습관이 굳어졌는지 어릴 때부터의 양육과 환경을 돌아볼 필요가 있습니다. 아직 열 살 이전이라면 지금부터라도 이 점을 염두에 두고 습관을 바로잡아 줄 수 있고, 이미 초등 고학년이나 중학생이라면 자녀 스스로 필요성을 깨닫고 첫 번째 유형으로 바뀔 수 있도록 함께 노력해야 합니다.

결국 질문은 이것입니다. '언젠가는 해야지.' 하며 차일피일 미루는 사람이 될 것인지, '해야 할 일은 이미 다 했다.'라고 말할 수 있는 루틴을 가진 사람이 될 것인지. 타고난 공부 머리가 부족하다고 느낄수록 '이미 오늘 할 것은 끝냈다.'라고 말할 수 있는 실행력을 갖추어야 합니다. 그러면 미래는 반드시 달라집니다. 중요한 것은 지금 당장 아주 작은 것부터 시작하는 것입니다. 고입 제도 이름 자체가 자기 주도 학습 전형입니다. 특목고와 자사고는 자기 주도형 인재를 원합니다. 제가 직접 그 학교에서 생활하고 2천 명이 넘는 특목고 학생들을 지도하며 SKY에 합격한 학생들에게서 공통으로 발견한 능력 여시 자기 주도성이었습니다. 이것은 실행력과 깊이 연결되어 있습니다. 머릿속으로만 계획을 세우고 행동으로 옮기지 못하면 성적은 오르지 않습니다. 계획만 계속 세우는 학생들도 있는데 현실에서 달라지는 것은 아무것도 없습니다. 그만큼 실행력이 중요합니다. 그것도 최소 몇 년 이상 꾸준히 이어지는 실행력이 필요한 것이지요.

지겹도록 들어 온 자기 주도 학습이라는 말도 결국 실행력에서 나옵니다. 계획을 세웠다면 반드시 끝까지 해 보는 경험이 필요합니다. 그 과정에서 실패를 겪어도 괜찮습니다. 실패는 기본값이라고 생각해야 합니다. 실패를 만날 때마다 스스로 극복하려고 애쓰는 과정에서 진짜 자기 주도성이 자랍니다. 도저히 혼자 길을 찾기 어렵다면 부모님, 선생님, 믿을 만한 멘토에게 도움을 청하면 됩니다. 중요한 것은 남이 대신 해결해 주기를 기다리는 것이 아니라 스스로 해결하려는 마음과 시도입니다. 그 선순환을 타고 끝까지 가는 힘이 결국 SKY 멘탈이고, 인생 전반을 지탱해 줄 가장 든든한 자산입니다.

하기 싫다고 미루는 건
'공부 리볼빙'이다

해야 할 일은 많은데 하기 싫은 날은 정말 자주 찾아옵니다. 이건 학생만의 문제가 아닙니다. 이미 대학생이 된 선배들, 그런 자녀를 뒷바라지하는 부모님들, 직장인들, 남들이 보기에는 부러워할 만한 전문직을 가진 사람들까지도 자신에게 주어진 일이 몹시 하기 싫을 때가 있습니다. 그래도 해야 하니까 참고 할 뿐입니다. 문제는 유독 더 하기 싫은 날이 있다는 것입니다. 그럴 때 실행력의 차이가 생기고, 이 차이는 시간이 지나면 차별화된 경쟁력으로 이어집니다. 무엇인가를 이뤄 낸 사람들도 자신의 공부나 일이 항상 즐겁고 보람차기만 한 것은 아닙니다. 누구에게나 하기 싫은 날이 생기고, 컨디션이 떨어지거나 심리적으로 부담스러운 날도 있습니다. 그 기로에 섰을 때 그럼에도 불구하고 해야 할 일을 해내느냐, 오늘은 그냥 접고 쉬느냐를 결정하게 되고, 이런 선택들이 며칠, 몇 달 쌓이면서 결국 차이를 만듭니다.

물론 사람마다 차이는 있지만, 수험생이라 해도 365일 중 10%인 36일 정도는 충분히 쉬어야 합니다. 푹 쉬는 날, 스트레스를 해소하는 날이 있어야 버틸 수 있습니다. 다만 1년 중 20%, 70일이 넘는 시간을 아무것도 하지 않고 흘려보낸다면 자신의 생각을 실행에 옮길 시간이 절대적으로 부족해집니다. 하기 싫은 날이더라도 해야 하는 일이라면 마음을 단단히 먹고, 체력을 잘 관리해 책임감 있게 완수해야 합니다. 그래야 원하는 대학에 합격할 기회가 생기고, 이렇게 길러 놓은 힘은 나중에 취업을 하거나 창업을 할 때도 큰 자산이 됩니다.

결국 하기 싫은 일을 하는 사람만이 진짜 '하고 싶은 공부'를 할 자격을 얻게 됩니다. 공부는 이상하게도 하기 싫은 순간을 참고 넘길 때 실력이 가장 많이 자랍니다. 새벽에 눈꺼풀이 무겁고, 교재 내용이 머리에 들어오지 않고, 집중이 흐트러질 때마다 책을 덮어 버리는 사람이 있는가 하면, 그 순간을 견디는 사람이 있습니다. 후자만이 언젠가 정말 하고 싶은 공부를 마음껏 할 수 있는 무대를 얻습니다. 대입도 마찬가지입니다. 하기 싫은 순간을 이겨 내며 자신의 할 일을 꾸준히 해낸 사람의 경쟁력을 평가하는 과정이라고 볼 수 있습니다. 이들은 단지 문제를 많이 푼 사람이 아니라, '오늘만큼은 쉬고 싶다.'라는 유혹을 여러 번 이겨 낸 사람입니다. 그때마다 쌓인 자제력과 집중력은 대학 이후에도, 사회생활을 할 때도 스스로를 끌고 가는 힘이 됩니다. 하고 싶은 공부만 하는 사람은 늘 흥미의 파도 위에 머물고 맙니다. 그러나 하기 싫은 공부까지 해내는 사람은 '습관의 땅'을 단단히 밟고 서게 됩니다. 진짜 자유는 그 땅 위에서만 가능합니다. 자신의 진짜 관심 분야를 깊게 파고들 수 있는 기회, 자신이 선택한 공부를 자기 리듬으로 이어갈 수 있는 자유는 12년 동안 의무를 다한 사람에게 주어지는 특권이기도 합니다. 공부는 결국 자유를 얻기 위한 훈련입니다. 오늘 푼 문제집 20페이지, 버텨 낸 한 시간이 미래의 하고 싶은 공부, 원하는 일, 가고 싶은 길을 가능하게 만든다는 것을 잊지 마세요.

공부로 빚지는 아이로 만들지 않기 위한
초중고 플랜

"하기 싫은 일을 하는 사람만이 진짜 하고 싶은 일을 할 수 있다." 이 말은 공부뿐만 아니라 인생의 태도를 결정짓는 핵심 멘탈입니다. 이 멘탈을 초중고 시기별로 학교와 일상에서 직접 단련할 수 있는 방법을 소개해 보겠습니다.

첫째, 초등 시기에는 하기 싫은 일을 해내는 첫 훈련으로 작은 책임을 끝까지 다하는 경험이 필요합니다. '싫지만 해야 하는 일'을 끝까지 마무리하는 연습입니다. 매일 푸는 학습지 중에서 특히 하기 싫어하는 연산 문제를 정해 딱 10분만 집중해서 끝내기, 숙제가 하기 싫을 때 "딱 5분만 해 보자." 하고 정말로 5분만 해 보는 것, 이런 작은 실천이 중요합니다. 핵심은 기분이 아니라 약속에 따라 행동하는 경험을 매일 만드는 것입니다. "하기 싫어도 하면 된다."라는 감각을 몸으로 배우게 해야 합니다. 이때 부모는 결과보다 아이가 하기 싫은 마음을 이겨 냈다는 점에 초점을 맞춰 인정과 칭찬을 해 주는 것이 좋습니다.

둘째, 교실 정리나 청소 구역 책임, 칠판 지우기, 쓰레기 줍기처럼 친구들이 귀찮아하는 일을 맡게 되었을 때 끝까지 해내는 경험이 필요합니다. 남들이 피하는 일을 끝까지 책임지는 연습이 자기 주도성의 출발점입니다. 이런 태도를 초등학교에서부터 꾸준히 유지하면 나중에는 자연스럽게 리더십으로 이어집니다. 책임감과 리더십이라는 중요한 덕목을 몸으로 배우게 되는 것입니다.

셋째, '아침 준비 셀프 체크' 습관을 가지게 하는 것이 좋습니다. 집에서는 부모님이 챙겨 주기 전에, 학교에서는 선생님이 말씀하시기 전에 스스로 가방을 챙기고 과제와 준비물을 확인해 보는 것입니다. 하교 후에는 먼저 과제를 하고 내일 필요한 것을 미리 준비해 두는 습관을 들이는 것이 좋습니다. 이런 습관은 자율과 책임이 함께 간다는 감각을 익히게 해 줍니다. 시간이 지나면 책임이 따르는 자율성을 감당할 줄 아는 사람으로 자라게 되고, 중고등학교에 가서도 스스로 할 일을 알아서 하는 학생이 됩니다.

다음으로 중등 시기에는 하기 싫은 일을 목표 달성 연습장으로 바꾸는 훈련이 필요합니다. 이때 핵심은 즉흥보다는 계획으로, 감정보다는 루틴으로 움직이는 연습입니다.

첫째, 비선호 과목을 가장 먼저 시작하는 습관을 들입니다. 수학, 과학, 영어처럼 제일 하기 싫은 과목을 먼저 공부하고 그다음에 좋아하는 과목을 하는 것입니다. 하기 싫은 것을 먼저 처리하면 공부에 대한 부담이 줄어듭니다. 그리고 에너지와 집중력이 가장 높은 시간에 어렵고 싫은 과목을 하는 것이 효과적입니다. 시간이 지나면서 집중력과 체력이 떨어지는데, 그때는 좋아하는 과목을 공부하면 비교적 수월하게 느껴집니다. 이 방법을 쓰는 학생들이 꽤 많고, 스스로를 잘 아는 학생들이 선택하는 방식입니다. 싫어하는 것을 먼저 하는 습관을 들이면 마음이 한결 가벼워지고 다음 공부로 넘어가기가 훨씬 쉬워지거든요. 이 과정에서 공부의 우선순위를 스스로 컨트롤하는 자기통제력도 함께 자라게 됩니다.

둘째, 귀찮음을 이겨 내는 '3분 행동법'을 활용합니다. 공부가 하기 싫다는 생각이 들 때 문제집을 펴고 책상에 앉아 3분만 버티는 것입니다. 3분 동안 책상을 떠나지 않고 앉아 있기만 해도 해야 할 일이 눈에 들어오고, 그러다 보면 자연스럽게 한 문제, 두 문제 풀게 되는 경우가 많습니다. 이 경험이 쌓이면 "하기 싫었는데 막상 시작해 보니 생각보다 할 만하네."라는 감각이 생깁니다. 이건 가만히 누워 휴대폰만 보며 보낼 때는 절대 느낄 수 없는 감각입니다. 이 원리는 공부뿐 아니라 운동, 집안일에도 그대로 적용됩니다. 운동이 하기 싫을 때 운동복을 입고 현관까지 나가는 행동 하나가 운동을 시작하게 만들고, 화장실 청소가 하기 싫을 때 일단 물과 세제를 먼저 뿌려 두는 행동 하나가 청소를 하게 만드는 것과 같습니다. 실행의 문턱을 낮추는 것이 핵심입니다.

셋째, 하기 싫은 일을 선언하고 공유하는 방법을 사용할 수 있습니다. 공부 친구와 서로 하기 싫은 일을 하루에 한 가지씩 말하고, 그 과제를 끝낸 뒤 인증을 하거나 함께 수행하는 겁니다. 나만 힘든 것이 아니라는 인식과 더불어 약속을 지켜야 한다는 부담이 실행력을 끌어올립니다. 혼자 하는 다이어트보다 주변에 선언하고 함께 지켜 나갈 때 성공률이 높아지는 것과 같은 원리입니다.

마지막으로 고등 시기는 하기 싫은 일을 내 꿈으로 가기 위한 필수 루틴으로 바꾸는 단계입니다. 이 시기의 핵심은 의무를 목표 의식과 연결하는 성숙함입니다.

첫째, 하기 싫지만 필수적인 과목의 루틴을 고정해야 합니다. 예를 들어 비문학이 약한 학생이라면 매일 아침 1교시 시작 전 20분 동안 비문학 지문을 풀고, 영어 어휘력이 부족한 학생이라면 점심시간에 매일 영어 단어를 외우는 식입니다. 수학이 약한 학생이라면 자기 주도 학습 첫 한 시간을 수학 문제 풀이에 고정하는 방법을 쓸 수 있습니다. 피하고 싶은 과목일수록 매일 일정 시간 반드시 마주치는 것이 중요합니다. 이런 루틴은 결국 수능과 내신에서 결정적인 차이를 만들어 냅니다.

둘째, 감정에 휘둘리지 않고 공부 계획표를 실천하는 힘을 길러야 합니다. 공부하고 싶은 마음이 나지 않을 때도, 정해 둔 시간표에 따라 책상에 앉는 것 자체를 오늘의 성공으로 인정합니다. 고등학생이 되면 감정과 행동을 분리하는 연습을 충분히 할 수 있습니다. "하기 싫지만 해야 하니까 한다."라는 단순하고도 강력한 원칙을 몸으로 익히는 것이 중요합니다.

셋째, 하기 싫은 공부를 꿈과 연결해 해석하는 연습을 합니다. 포스트잇이나 노트에 이런 문장을 적어 책상 앞에 붙여 두는 것입니다.

"이 수학 문제는 ○○대 공대에 가기 위한 문이다."

"이 지문 해석은 내가 꿈꾸는 미래를 영어로 표현하기 위한 훈련이다."

“지금 이 자습 시간은 나중에 내가 일하게 될 자리로 가는 연습이다.”

이처럼 하기 싫은 공부를 목표와 연결해 해석하면 의미가 곧 동기로 바뀝니다. 이걸 잘하는 학생들이 결국 하기 싫은 일도 해내는 사람이 되고, 그런 학생들이 원하는 무대에서 성공을 마음껏 누리게 됩니다.

초중고 시기별 실행력 기르는 법

1) 초등학교

아이의 눈높이에서 할 수 있는 일을 꾸준히 직접 해 보는 것이 가장 중요합니다. 실행력이란 자신의 생각을 실제 행동으로 옮기는 능력인데, 행동으로 이어지지 않는 이유는 생각이 너무 막연해서 뜬구름 잡는 느낌이 들거나 아이가 실천할 수 있는 범위를 넘어서는 어려운 일이라 실행으로 연결되기 어렵기 때문입니다. 그래서 아이의 눈높이에 맞춰 아이 수준에서 매일 꾸준히 해낼 수 있는 정도의 과제를 줘야 아이 스스로 '할 만한데?'라는 감각을 느끼며 실행력을 자신의 것으로 만들 수 있습니다.

초등학교 저학년 때는 아직 어리기 때문에 부모님의 지도와 도움이 필요합니다. 하지만 초등 고학년으로 갈수록 스스로 판단하고 계획해서 행동으로 옮기고, 그것을 매일 습관처럼 반복할 수 있을 만큼 실행력을 올려야 합니다.

1. 학교와 학원에서 돌아온 다음 알림장을 확인한다.

2. 그날 익힌 내용과 숙제를 꼼꼼하게 확인한다.

3. 그날 배운 것과 관련된 내용 중 궁금한 점이나 더 알고 싶은 것이 있으면 책을 통해 찾아본다.

4. 내일 필요한 교과서와 준비물을 챙긴다.

고학년으로 올라갈수록 스스로 목표를 정하고 계획한 다음, 그 생각을 행동으로 옮길 수 있어야 합니다. 초등 저학년 때 위의 루틴을 몸에 익히지 못하면 초등 고학년이 되었을 때 스스로의 힘으로 해내기 어려울 수 있습니다. 그래서 어렸을 때부터 아이가 할 수 있는 수준에서 하나씩 직접 행동해 보고, 그 결과를 눈으로 확인하며 몸으로 느끼는 경험을 많이 해 보는 것이 실행력을 위해 무척이나 중요합니다.

초등 시기 실행력 높이는 세 가지 방법

1. 작은 목표를 구체적으로 주기

'잠자기 전 매일 책 10페이지 읽기', '매일 30분 동안 숙제하기'처럼 실행 가능한 작은 과제를 줍니다. 완료 시 바로 칭찬하여 성취감을 강화합니다.

2. 시작 신호 만들기

공부 전 '5분 동안 스트레칭을 한 다음 책상에 앉기' 같은 의식적 루틴을 만듭니다. 신호-행동 연결이 습관으로 굳으면 미루기를 줄일 수 있습니다.

3. 즉각적인 피드백 제공하기

숙제나 과제를 바로 확인하면서 긍정적인 말과 칭찬을 합니다. 결과보다 끝까지 해낸 점에 주목합니다.

2) 중학교

학생들은 눈에 생생하게 보이고 손에 잡힐 듯한 목표일수록 실행에 옮길 가능성이 높습니다. 그래서 실행력을 높이려면 목표를 아주 뚜렷하게 세우고 행동 계획을 구체적으로 만드는 것이 매우 중요합니다.

중학생 정도가 되면 이미 자아 형성이 이루어진 시기이기 때문에 부모님이나 선생님이 시킨다고 움직이는 존재가 아닙니다. 스스로 하는 힘이 본격적으로 발현되기 시작하는 나이이기 때문에, 행동으로 옮길 만큼 생생하고 구체적인 학업 목표와 그에 따른 행동 계획, 공부 계획이 더욱 중요해집니다.

1. 스터디 플래너 / 체크리스트 활용하기

하루 공부 계획을 직접 적고, 완료할 때마다 체크하는 습관을 들입니다. 시각적 완료 경험이 실행력을 강화합니다.

2. 시간 분할 훈련

'30분 공부-5분 휴식' 같은 구체적 시간 관리법을 적용합니다. 스스로 타이머를 관리하게 해 책임감과 자율성을 키웁니다.

3. 실패 후 회복 훈련

계획을 지키지 못했을 때 자책하지 않고, 다음에 어떻게 실행할지 바로 점검하게 합니다. 포기하지 않고 다시 시작하는 힘이 꾸준한 실행력의 핵심입니다.

3) 고등학교

고등학교에 오면 마음이 급해집니다. 준비해 둔 것은 없는데 내신 시험 범위와 수행 평가는 매번 많고, 모의고사도 종종 치기 때문에 해야 할 일이 계속 쌓입니다. 그런데 걱정만 하고 행동으로 옮기지 않으면 걱정거리와 해야 할 일은 더 늘어날 뿐입니다. 그래서 고등학교 때는 실행력이 정말 중요합니다. 머릿속에 있는 해야 할 일과 공부를 바로 행동으로 옮기고, 그것을 매일 꾸준히 쌓아야 하는 시기이기 때문입니다.

고전적이긴 하지만 제가 성공한 사람들과 나의 현실 사이의 괴리를 느낄 때마다 자주 떠올렸던 문장이 있습니다. "Rome was not built in a day." 로마는 하루아침에 이루어지지 않았다는 뜻이죠. 열심히 하고 있는데도 진전이 없어 보일 때 이 말을 떠올리면 하루하루 쌓는 행동의 의미가 분명해집니다. 결국 생각과 계획을 행동으로 옮기는 그 하루하루가 쌓여 실행력의 결실로 이어지는 것입니다. 대입을 앞두고 있는 시기라면 지금 눈에 띄는 변화가 없더라도 조급해하지 말고, 탑을 쌓는다는 마음으로 매일의 노력을 이어 가야 합니다. 꾸준히 쌓은 실행력은 반드시 결과로 돌아옵니다.

고등 시기 실행력 높이는 세 가지 방법

1. 우선순위 정하기

급한 일과 중요한 일을 구분하여 정리하게 합니다. 대학 입시, 내신 시험 등 큰 목표 속에서 오늘 해야 할 핵심 과제를 스스로 선택하도록 합니다.

2. 마감 시간 설정하기

'오늘 밤 10시까지 모의고사 풀이 끝내기'처럼 명확한 마감 시간을 부여합니다. 마감 시간을 설정해 압박감 속에서 집중하는 건 대학 이후에도 중요한 실행력 훈련이 됩니다.

3. 장기 목표 및 비전과 연결하기

단순히 '오늘 할 공부'가 아니라 '내가 원하는 대학 및 직업과 연결된 과정'임을 자각시킵니다. 의미와 목표 의식이 실행의 지속성을 높여 줍니다.

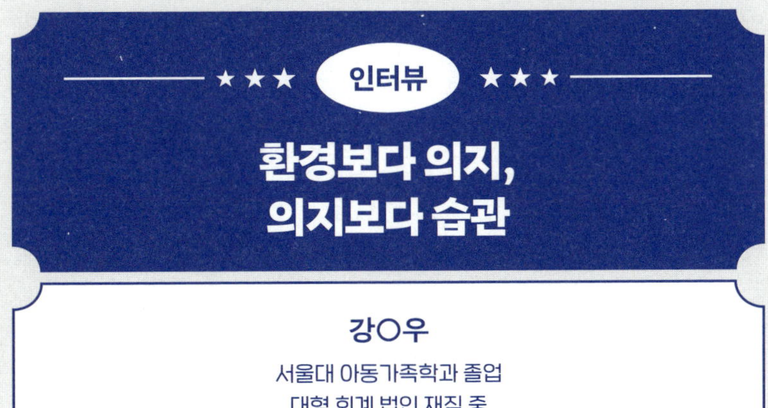

Q1. SKY에 합격한 비결이 무엇인지 궁금합니다.

돌이켜 보면 저는 남들보다 절대적인 공부량이 많았던 편입니다. 등교하며 인터넷 강의를 듣고, 수업 시간에도 충실했으며, 저녁에는 바로 자습실로 가서 자기 직전까지 공부했습니다. 하지만 이런 생활이 힘들기보다 오히려 즐거웠습니다. 몰랐던 내용을 알아 가는 과정과 선생님과의 소통, 어려운 문제를 끝내 해결하거나 답지를 보며 이해하는 과정 자체가 재미있었기 때문입니다. 공부하는 것을 즐겼고, 목표가 분명했기에 공부량이 많아지는 게 당연했습니다.

Q2. SKY 합격에 도움이 된 나만의 공부 방법이 있을까요?

국어의 경우, 어릴 때부터 독서를 많이 해 분해력이 탄탄했기 때문에 비문학은 수능 기출 풀이 위주로만 공부했고, 문학과 문법은 학교 내신이 더 어렵다고 느껴 수업에 충실히 참여하며 실력을 쌓았습니다. 수학은 실전 개념 노트를 직접 만들어 좋은 문제와 풀이, 적용된 개념을 정리하고 관련 문제를 함께 표시해 반복 학습했으며, 등하교 시간에 틈틈이 활용했습니다. 영어는 약점 과목이라 판단해 스스로 방법을 만들기보다 인강 커리큘럼을 충실히 따랐습니다. 영어는 어릴 때 자연스럽게 접하는 환경이 중요하다고 생각합니다.

[개별 질문] #실행력

Q1. 많은 사람이 생각에서 그치고 행동에는 실패하죠. 실행력에 가장 중요한 것은 무엇일까요?

몸과 마음이 지치면 자연스럽게 일을 미루게 되고, 쌓인 과제 앞에서 다시 좌절하는 악순환에 빠지기 쉽습니다. 저는 이 문제의 핵심이 결국 체력이라고 생각합니다. 체력이 뒷받침되면 미루지 않게 되고 실행력도 높아지기 때문입니다. 그래서 꾸준한 체력 관리와 충분한 수면이 실행의 첫 번째 조건이라고 보며, 성공한 자신의 모습을 상상하며 스스로를 단련하는 습관도 중요하다고 생각합니다.

Q2. 공부만큼은 의지로 목표를 달성할 수 있는 영역이라 여겨지죠. 실행력, 의지의 힘이 왜 중요한지 알려 주세요.

환경보다 중요한 것은 의지고 의지보다 중요한 것은 습관이라고 생각합니다. 바꿀 수 없는 환경에 좌절하기보다 내가 바꿀 수 있는 부분에 집중하세요. 사회에서 평가받는 것은 결국 그 사람의 습관과 태도이며, 공부를 잘하겠다는 다짐보다 공부하는 습관으로 자신을 긍정적으로 바꾸는 것이 중요합니다.

내 진짜 경쟁 상대는
남이 아니라 나 자신이다

김○연

고려대 컴퓨터학과 재학 중

Q1. SKY에 합격한 비결이 무엇인지 궁금합니다.

어릴 때부터 공부 욕심이 많았고, 어머니는 꾀부리지 않고 정직하게 공부하는 습관을 길러 주셨습니다. 이 습관은 공부 욕심이 커질수록 큰 힘이 되었습니다. 집에는《공부 9단 오기 10단》,《가난하고 꿈조차 가난할 수는 없다》같은 책들이 많았고, 호기심에 읽기 시작했다가 깊은 자극을 받아 본격적으로 공부에 몰입하게 되었습니다. 초등학교 때는 스스로 공부할 내용을 찾아 세계사 강의를 듣는 등 배움 자체의 즐거움을 느꼈고, 독서를 좋아한 덕분에 고등학교에서도 국어 과목을 비교적 수월하게 공부할 수 있었습니다.

Q2. SKY 합격에 도움이 된 나만의 공부 방법이 있을까요?

나에게 맞는 공부법을 찾는 것이 가장 중요하다고 생각합니다. 저는 초등학교 고학년 때부터 자기 주도 학습에 관심을 갖고 관련 수업과 공부법 책을 통해 다양한 방법을 시도하며 제게 맞는 방식을 찾아왔습니다. 그중 가장 잘 맞았던 것은 스스로 만족할 만큼 공부하는 방식이었습니다. 매 시험 4~5주 전 시험 계획을 극단적으로 세세하게 세워 과목별로 해야 할 것과 복습 횟수를 정리한 뒤, 이를 달력형 플래너에 배치해 차근차근 실천했습니다.

[개별질문] #실행력

Q1. 많은 사람이 생각에서 그치고 행동에는 실패하죠. 실행력에 가장 중요한 것은 무엇일까요?

승부욕이 아닐까요? 저는 어릴 때부터 승부욕이 강해 무엇이든 1등을 하고 싶어 했습니다. 초등학교 5학년 때 회장 선거에서 떨어진 뒤 실패 원인을 분석했고, 연설문이 또래에게 어렵게 느껴졌다는 점을 보완해 6학년 때는 당선되었습니다. 이런 경험은 공부에서도 더 잘할 방법을 찾는 태도로 이어졌습니다. 한편 가능성이 낮은 일은 피하는 성향이 있어 백일장에서 늘 그림 대신 글을 선택했고, 그 결과 글쓰기가 강점이 되기도 했습니다. 모든 능력을 고르게 키우기보다, 각자가 가진 강점을 공부에 연결하는 것이 더 효과적일 수 있다고 생각합니다.

#공부체력

내 건강도 관리하지 못하는데
공부라고 다를 리 없다

영어권에는 "A sound mind in a sound body."라는 말이 있습니다. 건강한 신체에 건강한 정신이 깃든다는 뜻입니다. 흔하게 듣는 말이라 가볍게 넘기기 쉬운데, 공부라는 정신적 활동에서 체력이 왜 그렇게 결정적인지 과학적으로 따져 보면 전혀 식상하지 않습니다. 사람의 뇌는 하루 에너지의 20~25%를 사용하는 기관인데, 몸이 약하거나 피곤하면 뇌는 공부보다 생존과 기본 기능 유지에 먼저 에너지를 써 버립니다. 그래서 몸 상태가 좋지 않으면 집중력, 기억력, 판단력이 같이 떨어지고 결국 공부 효율이 크게 낮아집니다. 의지력도 마찬가지입니다. 해야 한다는 걸 알면서도 하기 싫은 원인은 몸이 피로할 때 의지력의 기반이 되는 전전두엽의 기능이 가장 먼저 떨어지기 때문입니다. 즉 의지력도 결국 체력의 일부입니다. 산소 공급이 부족해도 생각이 흐려지는데, 오래 앉아 있기만 하면 뇌 혈류가 떨어지고 판단력이 둔해지는 반면 하루 20~30분이라도 걷거나 가볍게 몸을 움직이면 혈류가 개선되어 집중력이 훨씬 좋아집니다. 그래서 운동은 공부 시간을 뺏는 것이 아니라 공부 시간을 효율적으로 만드는 투자에 가깝습니다. 결국 체력은 공부를 얼마나 오래 지속할 수 있는지를 결정하는 기반이고, 대입은 단거리 스프린트가 아니라 긴 마라톤이기 때문에 체력이 약하면 하루는 버텨도 1년을 버티진 못합니다.

이런 이유로 초등부터 중등, 고등까지 시기별로 체력을 어떻게 관리하느냐가 공부 지속력과 집중력에 큰 영향을 줍니다. 초등 시기에는 기초 체력을 만드는 것이 가장 중요합니다. 아침에 10분 정도 빠르게 걷는 것만으로도 뇌가 깨어나고 수업 집중력이 좋아지며, 공부할 때 30분마다 잠깐 스트레칭을 하면서 피로를 풀어 주는 습관을 들이면 오래 앉아 있는 힘이 길러집니다. 물과 과일처럼 가벼운 간식으로 수분과 영양을 보충하는 습관도 두뇌 피로를 줄이는데 도움이 됩니다. 무엇보다 바른 자세가 집중력을 좌우하기 때문에 집에서 책상에 앉을 때 자세를 고치는 연습을 꾸준히 해야 하고, 초등 시기에는 충분한 수면이 학습 효과와 성장에 직접적으로 연결되기 때문에 밤 10시 이전에 자고 아침 7시에 일어나는 규칙적인 생활이 매우 중요합니다.

중학생이 되면 생활 패턴이 바뀌고 식사 시간이나 잠드는 시간이 불규칙해지기 쉽기 때문에 체력 관리가 더욱 필요해집니다. 매일 10~15분이라도 심박수가 높아지는 운동을 하거나, 공부를 시작하기 전에 잠깐 눈을 감고 호흡을 가다듬는 루틴을 만들면 뇌가 빠르게 안정되고 집중이 돌아옵니다. 특히 아침 식사를 가볍게라도 균형 있게 챙기는 습관이 필요합니다. 공복 상태로 등교하면 뇌가 제대로 작동하지 않기 때문입니다. 또한 잠들기 직전까지 휴대폰이나 게임을 하면 뇌가 흥분 상태로 남아 숙면을 취하기 어려워지므로 자기 전에는 전자 기기를 멀리해야 합니다.

고등학생은 체력이 공부 효율의 상한선을 결정한다는 사실을 몸으로 느끼게 됩니다. 공부를 시작하기 전에 간단하게 목과 어깨를 풀어 주는 스트레칭만 해도 몸과 뇌가 금방 깨어나고, 50분 공부 후 5분 정도 일어나서 몸을 움직이면 피로 누적을 막을 수 있습니다. 시험 기간이라고 해서 잠을 극단적으로 줄이기보다는 취침과 기상 시간을 일정하게 유지해야 생체 리듬이 무너지지 않습니다. 하루 30분 정도 땀이 나는 활동을 꾸준히 하면 스트레스가 풀고 집중력 유지에도 도움이 됩니다. 무엇을 먹느냐도 체력과 공부 지속력을 좌우하기 때문에 견과류, 과일, 계란, 생선처럼 뇌에 좋은 음식을 틈

틈이 챙겨 먹는 것이 필요합니다.

몸이 건강하고 마음이 안정된 학생은 자연스럽게 의욕과 호기심이 생기며, 수업 시간에 몰입하게 됩니다. 새로운 것을 알고 싶어 하고 스스로 더 공부하게 되는 선순환이 만들어지고, 한 번 비전을 발견하면 스스로 공부를 밀어붙일 만큼의 동력이 생깁니다. 부모님이 아무리 공부하라고 말해도 움직이지 않던 학생이 스스로 목표를 발견하면 말리지 않아도 공부하는 것도 이 때문입니다.

결국 아이가 스스로 공부하는 사람으로 자라기를 바란다면 우선 건강하게 자랄 수 있는 환경을 만들어 주는 것이 가장 중요합니다. 잠을 충분히 자고, 균형 잡힌 음식을 먹고, 몸과 마음이 편안하게 유지될 수 있는 환경을 갖추면 아이는 건강한 신체를 기반으로 건강한 정신과 태도를 가지게 되고, 스스로 해내는 인재로 성장할 수 있습니다.

운동이 길러 주는
반복을 견디는 인내심

공부를 잘해서 의대와 서울대에 합격한 학생들이라고 항상 공부가 재미있었을까요? 공부가 하고 싶지 않은 날은 없었을까요? 당연히 그렇지 않습니다. 수능 만점자도 공부하기 싫은 날이 있고, 김연아 선수도 스케이트 타기 싫은 날이 있지만 결국 그 지루하고 힘든 시간을 버텼기 때문에 지금의 자리에 오른 것입니다. 이 진리는 모든 분야에 공통으로 적용되며 공부도 예외가 아닙니다. 매일 반복되는 지루함을 견디고, 하기 싫은 순간을 넘기는 힘이 쌓일 때 성장이 이루어집니다. 이 힘을 기르는 데 운동만큼 좋은 방법은 없습니다. 운동은 매일같이 하기 싫지만 막상 또 하고 나면 뿌듯함이 찾아오고, 그 반복이 몸과 마음의 근육을 단단하게 만들어 줍니다. 공부도 똑같습니다. 오늘은 누워서 쉬고 싶고, 맛있는 걸 먹으면서 휴대폰이나 보고 싶지만, 그럼에도 불구하고 책상 앞에 앉는 순간마다 공부 근육은 조금씩 단단해집니다. 결국 이 힘이 목표를 이루는 선택과 결과로 이어집니다.

초등 고학년만 되어도 숙제와 문제집에 치여 운동할 시간이 어디 있냐고 말하곤 합니다. 하지만 어릴 때부터 운동을 통해 반복을 견디는 힘을 쌓는 것은 이후 공부에 집중해야 하는 시기가 왔을 때 결정적인 밑거름이 됩니다. 유치원과 초등 시절에 충분히 뛰어놀고 운동을 생활처럼 받아들이는 경험은 공부체력을 높이고, 내가 내 몸과 마음을 조절할 수 있다는 감각을 느끼게 합니다. 이것이 결국 가장 초기에 할 수 있는 공부를 잘하기 위한 투자입니다. 반복을 견디는 힘은 공부를 끝까지 해내는 체력과 연결되고, 운동은 그 체력을 길러 주는 실질적이고 구체적인 훈련이기 때문이죠. 대입은 단기전이 아니라 수년간 이어지는 장기전이기 때문에, 시기별로 체력과 지구력, 회복력을 기르는 운동을 습관으로 들여 놓으면 큰 도움이 됩니다.

초등 시기에는 우선 몸을 움직이는 즐거움을 생활 속에서 체득하는 것이 핵심입니다. 이 시기에 태권도나 줄넘기처럼 전신을 쓰는 운동을 규칙적으로 하게 되면 혈액 순환이 좋아지고 기초 근력과 조절 능력이 함께 발달합니다. 몇 년간 꾸준히 하면 자신감 형성에도 큰 도움이 됩니다. 킥보드나 자전거처럼 아이들이 좋아하는 활동도 좋은데, 안전한 환경에서 자연스럽게 즐기는 것만으로도 다리 근육이 강화되고 심폐 지구력이 길러집니다. 집이 아파트라면 엘리베이터 대신 계단을 이용하는 것 역시 일상의 작은 루틴으로 근력과 근성을 쌓는 데 효과적입니다. 주말마다 가족과 농구나 축구, 배드민턴처럼 함께 즐길 수 있는 스포츠를 하는 것도 협동심, 집중력, 순발력 등을 기르면서 운동의 재미를 느끼는 좋은 방법입니다. 아침에 일어나 몸을 가볍게 깨우는 스트레칭 습관만 들여도 반복적 루틴의 기본 틀을 만드는 데 큰 도움이 됩니다.

중등 시기는 본격적으로 공부체력을 키우기 시작해야 하는 시기입니다. 이 시기에는 심폐 지구력, 바른 자세, 스트레스 해소가 중요한 키워드입니다. 하루 20~30분 정도 조깅이나 빠른 걷기를 하고, 이를 주 3회 정도만 꾸준히 유지해도 산소 공급이 늘어나 집중력과 기억력이 함께 좋아집니다. 간단한 근력 운동을 매일 10분 정도 하는 것도 도움이 되는데, 고등학생이 될수록 장시간 앉아 있다 허리나 목이 아파 공부를 지속하지 못하는 경우가 생기기 때문에 코어 근육을 미리 단단하게 만들어 두면 큰 도움이 됩니다. 등하굣길에 걷기나 계단 오르기를 생활화하면 별도의 시간을 투자하지 않고도 체력을 쌓을 수 있습니다. 점심시간이나 쉬는 시간에 배드민턴이나 탁구처럼 짧은 경기로 집중력과 반사 신경을 기를 수 있는 운동도 좋습니다. 하루 몇 분이라도 깊게 호흡하며 마음을 정리하는 루틴을 만들면 운동과 공부 사이의 회복력이 높아집니다.

고등 시기에는 끝까지 버틸 수 있는 체력과 회복력을 동시에 키워야 합니다. 중등 시기와 마찬가지로 아침에 짧게라도 빠르게 걷거나 가볍게 조깅하면 뇌로 가는 산소량이 늘어나면서 첫 수업부터 집중이 훨씬 잘됩니다. 장시간 앉아 공부하는 시간이 증가하므로, 코어 근육과 자세를 지탱하는 힘을 키우지 않으면 목과 허리 통증으로 공부 자체가 불가능해지는 경우도 있습니다. 주말에 짧은 산책이나 조깅, 부모님과의 가벼운 운동을 루틴으로 만들면 장기적으로 대입까지 갈 수 있는 체력이 만들어집니다. 운동할 시간이 정말 없다고 생각될 때는 휴대폰 사용 시간을 기록해 보면 됩니다. 그러면 운동할 시간이 없는 것이 아니라 대부분 휴대폰에 밀렸음을 알게 됩니다. 완전히 끊을 수 없다면 사용 시간을 절반으로 줄이고 나머지를 몸을 움직이는 시간으로 바꾸는 것이 훨씬 효과적입니다. 집 앞에서 팔 벌려 뛰기나 줄넘기를 몇 분만 해도 바로 혈류가 늘고 졸음이 사라지며 집중력이 되살아납니다. 운동 시간이 길 필요는 없고, 땀을 한 번 흘렸는지가 기준이 될 수 있습니다. 땀을 흘리면 스트레스와 불안이 낮아지고 수면의 질이 좋아지기 때문입니다.

몸 건강과 정신 건강이 함께 가는 것은 너무나 분명한 사실입니다. 초중고 시기 동안 꾸준히 운동한 학생들은 슬럼프나 깊은 우울감에 빠질 가능성이 낮습니다. 청소년 시기의 우울과 슬럼프는 학생 본인뿐 아니라 가족 전체에 큰 부담이 되기 때문에, 어릴 때부터 공부체력을 길러 두는 것이 무엇보다 중요합니다. 결국 건강한 몸을 가진 아이들이 건강한 정신을 갖고, 그 정신으로 스스로 공부에 몰입하며 목표를 향해 꾸준히 나아갈 수 있게 됩니다. 운동은 체력과 지구력만 길러 주는 것이 아니라 스스로를 조절하고 반복을 견딜 수 있는 힘, 즉 공부체력을 만들어 줍니다. 그래서 어릴 때부터 건강하게 움직이고 즐겁게 운동 루틴을 형성한 학생들이 결국 스스로 공부하고 스스로 목표를 이뤄 내는 인재가 됩니다.

최소한 중학교 이전까지
공부체력 길러야만 하는 이유

    많은 사람이 요즘 K-고등학생들이 불쌍하다고 이야기합니다. 내신 시험 준비에 1년에 열 가지가 넘는 수행 평가, 모의고사, 학교 생활 기록부 관리까지 해야 할 일이 너무 많고 국어, 수학, 영어, 사회, 과학까지 챙겨야 하니 잠잘 시간도 없고 쉴 시간도 없다고 합니다. 이런 현실을 알기에 중학교 때부터 고등학교 선행을 하며 미리 준비하려 하고, 고등학교의 잦은 수행 평가를 폐지하자는 움직임도 보일 정도입니다. 사실 이 말들이 현실적으로 맞습니다. 공부할 것도, 챙길 것도 많아서 고등학교에 올라와 운동을 시작하기에는 시간이 턱없이 부족하게 느껴지곤 합니다. 더군다나 고등학교에 와서 아이가 자주 아프고 체력이 부족해 공부를 버틸 힘이 없다며 그제야 운동을 시작하면 이미 늦은 경우가 많습니다. 그래서 고등학교 진학 전에 공부체력을 미리 갖춰 두는 것이 중요합니다. 공부체력이 있는 학생은 내신 대비와 수능 공부, 수행 평가까지 안정적으로 버티지만, 공부체력이 없는 학생은 늘 시간에 쫓기고 몸도 마음도 쉽게 소진됩니다.

공부체력이라는 말에는 여러 요소가 포함됩니다. 먼저 몸의 체력이 있습니다. 수업을 열심히 듣고 싶어도 몸이 버티지 못하면 의지와는 상관없이 스르르 잠이 오기도 합니다. 둘째는 문해력입니다. 문해력이 탄탄한 학생들은 공부를 늦게 시작해도 글을 읽고 이해하는 능력이 있기 때문에 빠르게 집중해서 공부할 수 있습니다. 이 또한 공부를 떠받치는 중요한 체력입니다. 셋째는 끈기입니다. 마음의 근력이라고 표현할 수 있는, 힘들어도 끝까지 마무리할 수 있는 힘입니다. 이 세 가지가 합쳐져야 비로소 공부체력이라고 할 수 있습니다.

결국 고등학교에 올라가기 전까지 하루 열 시간을 공부해도 버틸 수 있는 몸의 체력, 다양한 공부를 빠르게 처리힐 수 있는 문해력 그리고 힘들어도 포기하지 않는 끈기까지 갖추고 올라오는 것이 중요합니다. 이렇게 준비된 학생들은 고등학교에 와서 시간에 쫓기지 않고 대입까지 안정적으로 지냅니다. 앞서 운동 방법은 이미 다루었으니, 여기서는 문해력과 끈기에 관해 좀 더 다루어 보겠습니다.

초등 시기는 기초 체력과 공부체력의 씨앗을 심는 시기입니다. 이때 문해력을 키우기 위해서는 하루 30분 읽기를 생활화하고 다양한 장르를 접하게 하며, 모르는 문장이나 단어가 나오면 왜 이런 표현을 썼는지 생각해 보는 습관이 필요합니다. 읽은 내용을 부모에게 설명하거나 간단히 글로 옮겨 보면 논리적 사고와 표현력이 함께 자랍니다. 마음 체력인 끈기는 숙제나 약속한 일을 끝까지 해내는 경험을 반복하면서 서서히 길러집니다.

중등 시기는 공부체력을 본격적으로 구축하는 시기입니다. 문해력은 비판적 읽기 훈련이 핵심으로, 교과서 외에도 기사나 시사 자료를 읽으며 글의 구조를 파악하고 핵심 문장을 스스로 찾아내는 연습을 하는 것이 좋습니다. 읽은 내용을 주변 사람들과 이야기하며 사고를 확장하면 더 효과적입니다. 끈기는 도전과 실패를 경험하면서 길러지고, 공부와 휴식, 스마트폰 사용을 명확히 구분하는 자기통제력을 익히는 과정에서 점점 단단해집니다. 자기 시간을 스스로 통제할 수 있게 되면 자신이 계획한 일을 꾸준히 해내는 힘이 생기고, 이것이 마음의 근력이 됩니다.

고등 시기는 시험 실전 체력을 완성하는 단계입니다. 문해력은 고도의 비문학 독해 루틴을 통해 끌어올리는데, 지문을 빠르고 정확하게 읽는 능력을 반복적으로 훈련해야 합니다. 문제를 틀렸다면 단순히 답만 정정하는 것이 아니라 왜 틀렸는지, 어떤 논리적 착오가 있었는지를 분석하면서 출제자의 관점을 이해하는 수준까지 나아가야 합니다. 마음 체력은 멘탈 루틴 형성으로 관리할 수 있습니다. 시험 전 심호흡으로 긴장을 완화하고 결과에 불안해하기보다는 지금 해야 할 일에 집중하는 습관을 들이며, 자기 암시를 통해 긍정적 감정을 유지하는 것도 안정적인 수행에 도움이 됩니다.

이런 요소들을 초중등 시기부터 조금씩 준비해 두면 고등학교에 들어가서 조급함을 느끼지 않고 긴 레이스를 끝까지 버티며 수험 생활을 이어 갈 수 있습니다. 공부체력은 하루아침에 만들어지는 것이 아니지만, 시기별로 필요한 요소를 꾸준히 기르면 고등학교 시기의 막막함이 훨씬 줄어들고 마지막까지 흔들리지 않는 힘이 생깁니다.

운동 대신 공부 한 시간 더?
아이는 번아웃 온다

요즘 소아정신과를 찾는 어린아이들과 학생들이 많다고 합니다. 그래서 대한민국이 헬조선, 무한 경쟁 사회라고 불리는지도 모르겠습니다. 공부를 잘하길 바라는 마음이 크더라도 아이를 극단적으로 몰아붙이지 않는 것이 중요합니다. 고양이가 쥐를 코너에 몰 듯 몰아세우면 아이는 결국 자폭하게 될 수 있습니다. 그 가장 극단적인 모습이 청소년 자살입니다. 우리나라는 청소년 자살률이 가장 높다는 불명예를 가지고 있습니다. 통계에 따르면 2023년 기준 10~19세 자살률은 인구 10만 명당 7.9명으로, 집계 이후 가장 높은 수치를 기록했습니다. 10대 사망원인 1위 역시 자살입니다. 국가 차원의 예방 대책이 시급한 상황이며, 학교 폭력, 가정 폭력, 학대, 방임, 학업 스트레스, 최근 빠르게 증가하고 있는 사이버 폭력 등이 주요 원인으로 지목되고 있습니다.

그렇기 때문에 공부만 강조하기보다 아이가 스트레스를 해소할 수 있는 출구를 반드시 마련해 줘야 합니다. 아이가 어떤 감정이든 숨기지 않도록 부모와의 신뢰 관계를 어릴 때부터 탄탄히 만드는 것이 중요하고, 아이가 가정에서 숨 쉴 틈을 느낄 수 있도록 편안한 분위기를 유지하는 것도 필요합니다. 특히 요즘 학생들은 초등학생 때부터 휴대폰과 유튜브를 휴식의 거의 유일한 수단으로 사용하면서 정작 자신을 진정으로 회복시키는 쉼이 무엇인지 모르는 경우가 많습니다. 휴대폰을 보면 잠시 기분이 좋아지지만, 실제로는 더 피로해지는 경우가 많습니다. 그래서 몸과 마음이 완전히 쉴 수 있는 방법을 시기별로 익혀 두는 것이 중요합니다.

초등학생은 몸과 마음이 직접적으로 연결되는 시기로, 몸이 쉬어야 마음도 쉰다는 감각을 배우는 시기입니다. 이 나이에는 무엇보다 놀 권리가 있다는 사실을 잊지 말아야 합니다. 손끝을 사용하는 종이접기나 그림 그리기, 놀이터에서 모래를 만지는 긴긴 놀이 등은 긴장된 신경을 부드럽게 풀어 주고 감각을 안정시키는 데 도움이 됩니다. 집 앞 공원을 산책하거나 가로수 길을 걸으며 자연과 함께 시간을 보내는 것도 뇌의 안정감을 높여 줍니다. 줄넘기나 캐치

볼처럼 리듬이 있는 운동은 몸의 긴장을 완화하고 기분을 환기시켜 주는데, 이런 활동은 결국 학습 능력 상승에도 연결됩니다. 초등 시기의 쉼은 몸을 사용해 마음을 회복하는 과정이며, 이런 경험 자체가 공부의 일부라는 것을 깨닫게 하는 단계라고 보면 됩니다.

중학생은 정서와 사고가 균형을 이루기 시작하며 자기 조절 능력을 형성해 가는 시기입니다. 이 시기에 스마트폰에 빠지기 가장 쉽지만, 스마트폰을 보며 쉬는 것은 온전한 휴식이 아니라는 점을 이해하고 직접 경험해야 합니다. 중학생에게는 잠시 눈을 감고 깊게 호흡하며 지금 내 감정이 어떤지 객관적으로 바라보는 시간이 필요합니다. 이런 짧은 루틴만으로도 스트레스 호르몬이 줄고 집중력이 회복되는 효과를 얻을 수 있습니다. 혼자 편안하게 시간을 보내는 것도 중요합니다. 좋아하는 음악을 들으며 잠깐 멍하니 있는 시간, 일기나 메모를 쓰며 감정을 정리하는 시간, 간단한 그림이나 악기 연주로 머리를 비우는 시간은 혼란스러운 사춘기에 큰 도움이 됩니다. 친구와 함께 산책하거나 운동을 하며 우정과 지지감을 느끼는 것도 이 시기엔 중요한 쉼입니다. 이 나이의 휴식은 생각을 멈추는 것이 아니라 생각을 정리하는 과정입니다.

고등학생은 에너지를 전략적으로 배분하며 회복하는 능력이 필요합니다. 쉬는 것이 낭비가 아니라 전략이라는 사실을 깨닫는 시기입니다. 집중력이 떨어지기 전에 50분 정도 공부한 뒤 5~10분 스트레칭과 심호흡으로 피로를 분산시키고, 전두엽의 회복을 통해 의지를 소모하지 않도록 관리하는 것이 중요합니다. 아무리 바빠도 앉아서 휴대폰을 보며 쉬는 것이 아니라 하루 20분 정도는 반드시 몸을 움직여야 합니다. 빠르게 걷거나 자전거를 타거나 간단한 맨몸 운동만으로도 몸이 회복되고 공부 효율이 다시 올라옵니다. 하루를 마무리할 때 오늘 잘한 일 한 가지, 감사한 일 한 가지를 조용히 쓰며 감정을 정리하는 루틴도 필요합니다. 이런 방식의 휴식은 수험 생활에서 흔들리지 않는 집중력과 안정감을 만드는 기반이 됩니다.

초등부터 고등까지 시기별로 적절한 쉼을 배우고 실천한다면 공부 스트레스에 휘둘리지 않고 균형 있게 성장할 수 있습니다. 아이들이 공부뿐 아니라 마음과 몸을 지키며 살아갈 수 있도록, 부모가 먼저 안전하고 편안한 공간을 만들어 주는 것이 무엇보다 중요합니다.

3년 동안
시험에 최적화된 몸 만들기

내신 시험이든 수능이든 모든 시험의 원리는 제한된 시간 안에 문제를 정확하게 푸는 것이기 때문에 높은 수준의 집중력과 판단력이 필요합니다. 시험을 보고 나면 기진맥진해지는 이유도 그 짧은 시간 동안 온 정신과 에너지를 쏟아부었기 때문입니다.

고등학생의 경우 이를 중간고사와 기말고사 때마다 치르게 되고, 고3 때 수시 모집으로 대학을 갈 학생은 3학년 1학기 중간고사와 기말고사까지 두 번의 내신 시험을 더 치르게 됩니다. 그러니 수시로 대학에 진학하려면 최소 열 번의 내신 시험에서 좋은 성적을 받아야 한다는 뜻이고, 그 열 번의 시험을 준비하고 실제로 치르는 과정에서 상당한 에너지가 소모됩니다. 그래서 미리 체력을 쌓아 놓지 않으면 고등학교에 올라가서 금방 힘에 부치게 됩니다.

정시로 대학을 갈 학생이라면 수능 당일까지 최고의 컨디션으로 최상의 점수를 내야 합니다. 3년 동안 시험에 최적화된 몸을 만드는 일은 결코 단기간에 할 수 있는 일이 아닙니다. 긴 시간을 두고 시험에 맞는 몸을 만드는 생활 습관이 필요합니다. 저는 일상에서 반드시 지켜야 할 기본 규칙을 네 가지로 정리합니다. 매일 충분한 숙면을 취할 것, 하루 세 끼 영양가 있는 식사를 하고 필요하다면 자신에게 맞는 영양제를 챙겨 먹을 것, 규칙적인 생활과 운동을 통해 몸을 꾸준히 움직일 것, 마음을 편안하게 유지하며 긍정적으로 사고할 것, 이 네 가지가 건강함의 기본이자 시험에 최적화된 몸을 만드는 핵심 요소입니다. 말로만 들으면 누구나 알고 있는 이야기처럼 보이지만, 실제 우리 아이가 이를 균형 있게 지키며 살고 있는지 한 번 객관적으로 돌아볼 필요가 있습니다.

하교 후 학원에 가고, 집에 와서 학교, 학원 숙제를 하느라 밤 12시까지 깨어 있는 일이 반복되고 있지는 않은지, 인스턴트 식품이나 편의점 음식으로 끼니를 대충 때우면서 영양은 부족한데 칼로리만 높은 식사를 하고 있지는 않은지, 신체 활동은 거의 하시 않은 채 침대에 누워 휴대폰만 보고, 이동할 때는 늘 차를 타고 다니면서 탄수화물과 당이 많은 음식 위주로 먹느라 소아 비만이나 과체중이지는 않은지 돌아봐야 합니다. 이런 식습관과 생활 습관이 겹쳐 청소년인데도 늘 피곤하다고 말하는 상황에 놓여 있는 경우가 매우 많습니다. 여기에 더해 공부해라, 성적이 왜 이 모양이냐, 방 좀 치워라, 숙제는 했냐, 휴대폰은 왜 이렇게 자꾸 보냐 같은 잔소리가 매일 쏟아지고 있다면 아이가 스스로를 긍정적으로 보며 자신의 일을 주도적으로 해 나가기 어려운 환경일 수 있습니다.

아이의 건강을 지키고 시험에 최적화된 몸을 만들기 위해 가정에서 실천할 수 있는 방법들을 시기별로 살펴보겠습니다. 고등학교 3년을 버텨 내는 수험 생활의 핵심은 '공부 잘하는 뇌' 이전에, 그 긴 시간을 견딜 수 있는 몸을 먼저 만드는 것입니다. 의지로만 버티는 공부에는 분명 한계가 있고, 신체 시스템 자체가 공부에 맞게 세팅되어야 합니다.

초등 시기는 수면 리듬을 규칙적으로 고정하는 것이 매우 중요합니다. 초등 시절에 일정한 기상 시간과 취침 시간을 유지하면 평생의 학습 리듬이 만들어지고, 나중에 고등학교에 올라갔을 때 새벽 공부나 아침 공부가 훨씬 수월해집니다. 무엇보다 오전 9시에 시작되는 내신 시험과 오전 8시 40분에 시작되는 수능 시간에 몸이 자연스럽게 깨어 있는 상태를 만들 수 있습니다. 식습관은 혈당을 안정시키는 방향으로 잡아야 합니다. 단 음식과 인스턴트 음식은 줄이고 아침 식사를 거르지 않는 습관을 들이면 포도당이 급격히 오르내리는 것을 막을 수 있어 집중력 저하를 줄이는 데 도움이 됩니다. 밤늦게까지 스마트폰이나 TV를 보는 시간을 줄이는 것도 중요합니다. 특히 어두운 환경에서 보는 스마트폰 화면은 수면 호르몬 분비를 방해해 잠의 질을 떨어뜨리기 쉽습니다. 짧은 시간이라도 온전히 집중해 본 뒤 나도 할 수 있다는 성취감을 경험하게 하여, 집중하는 것이 주는 즐거움을 몸으로 익히게 하는 것도 이 시기에 꼭 필요한 경험입니다.

중학생 시기는 초등 시기와 마찬가지로 수면과 각성 주기를 일정하게 유지하는 것이 중요합니다. 비슷한 시간에 자고 일어나는 생활을 이어 가면 생체 리듬이 학습 모드로 맞춰지고, 카페인에 의존하지 않아도 아침에 비교적 맑은 정신으로 공부를 시작할 수 있습니다. 보통 중등 때부터 카페인 음료에 의존해 낮에 억지로 각성을 유지하고 밤에는 잠이 오지 않는 악순환에 빠지는 경우가 많은데, 그럴수록 자연스러운 리듬이 깨져 공부 효율은 오히려 떨어집니다. 불안하거나 피곤할 때, 시험을 앞두고 긴장이 심해질 때 깊은 심호흡으로 자율 신경을 안정시키는 습관을 들이면 시험 직전 심박수와 긴장을 조절히는 데 큰 도움이 됩니다. 공부, 운동, 휴식의 균형을 연습하는 것도 필요합니다. 일정 시간 집중한 뒤 짧은 산책이나 물마시기, 스트레칭으로 회복하는 패턴을 반복하면서 회복력을 몸에 새겨야 합니다. 졸림을 단순히 의지 부족으로만 여기지 말고 뇌가 보내는 피로의 신호로 이해하는 것도 중요합니다. 피로가 심할 때는 억지로 버티기보다 짧게 눈을 붙이거나 가볍게 움직이며 회복하는 습관을 들이면 오히려 더 오래 공부를 지속할 수 있습니다.

고등 시기는 시험 실전 체질을 완성하는 단계입니다. 이때의 핵심 목표는 에너지를 효율적으로 쓰는 신체 시스템을 구축하는 것입니다. 최소 여섯 시간에서 일곱 시간 이상 숙면 시간을 확보하는 것이 좋습니다. 고3이 되면 잠을 극단적으로 줄여 공부하는 학생들이 적지 않은데, 이는 장기적으로 오히려 손해입니다. 잠을 줄이면 잠시 공부 시간이 늘어난 것처럼 보이지만, 실제로는 기억이 제대로 안착하지 않아 학습 효율이 크게 떨어집니다.

렘(REM)수면은 단순히 잠의 한 단계가 아니라, 뇌가 깨어 있을 때 못지않게 활발하게 움직이며 기억을 정리하고 감정을 재구성하는 시간입니다. 수면 주기의 상당 부분을 차지하며, 이때 해마는 낮 동안 입력된 정보를 재생하고 전두엽과의 연결을 통해 중요하지 않은 정보는 버리고 필요한 정보는 장기 기억으로 옮깁니다. 교과서 내용, 수식, 단어 같은 사실 기억이 지식으로 정리되고, 문제 풀이 패턴이나 글쓰기처럼 절차 기억도 강화되는 시간이 바로 이 구간입니다. 감정이 실린 경험을 다시 다루며 불안과 스트레스를 완화하는 기능도 있기 때문에, 시험 불안과 긴장을 낮추는 데도 숙면이 큰 역할을 합니다. 밤을 새우거나 수면 시간을 과하게 줄이면 이 REM 수면 구간이 충분히 확보되지 않아, 공부한 내용이 장기 기억으로 제대로 저장되지 않고 감정 조절도 어려워집니다. 그래서 매일 일정량의 깊은 잠을 확보하는 것이 공부에 있어 선택이 아니라 필수입니다. 식사 타이밍과 내용도 중요합니다. 시험 전에는 너무 배부르게 먹지 말고, 두 시간 전쯤 바나나, 달걀, 견과류처럼 소화가 잘 되면서도 혈당을 급격히 올리지 않는 음식을 먹는 것이 좋습니다. 혈당이 갑자기 치솟는 식단은 잠깐의 각성 이후 급격한 피로와 졸음을 가져오므로, 특히 수능처럼 하루 종일 긴장을 유지해야 하는 시험에 대비하기 위해서는 평소에 혈당 스파이크를 유발하는 식습관을 고치는 것이 좋습니다.

뇌를 회복하는 중요한 기술도 평소에 연습해 두어야 합니다. 눈을 잠시 감고 깊게 호흡하며 짧은 명상을 하거나, 시험 전후에 교실이나 복도를 가볍게 걷는 것만으로도 뇌파가 안정되고 피로가 낮아집니다. 불안과 피로가 단지 의지 부족이 아니라 몸의 신호라는 것을 이해하고, 이를 조절하는 연습을 수시로 해 두면 수능 당일에도 실전에서 그대로 활용할 수 있습니다. 시험 중에 난이도가 예상보다 높거나 헷갈렸던 부분이 집중적으로 출제되어 순간적으로 멘탈이 흔들리는 상황이 오더라도 잠깐 멈춰서 심호흡을 한 번 하고 다시 차분하게 풀어 가는 루틴을 연습해 두면 큰 도움이 됩니다. 이런 것 역시 평소 학습과 훈련을 통해 기를 수 있는 부분입니다.

이처럼 초중고 시기를 거치며 공부체력을 단계적으로 길러 두면, 고등학교에 올라가서 시간에 쫓기지 않고 수험 생활의 긴 레이스를 끝까지 버텨 낼 수 있습니다. 시험에 최적화된 몸은 하루아침에 만들어지지 않습니다. 생활 전체가 공부에 맞게 정돈될 때, 비로소 뇌와 몸이 시험을 위한 최상의 상태를 유지할 수 있습니다.

초중고 시기별 공부체력 기르는 법

1) 초등학교

가장 기본은 놀이터에서 친구들과 함께 신나게 노는 것입니다. 초등학생들은 하교 후 놀이터에서 친구들과 어울리며 몸과 마음이 자연스럽게 튼튼해집니다. 남학생들은 보통 초등 1학년부터 태권도나 축구를 많이 시작하고, 여학생들도 태권도나 발레를 많이 배우는 편입니다. 요즘은 키즈 요가나 키즈 필라테스도 자세 교정과 호흡 조절에 도움이 되어 선호도가 높습니다. 특히 줄넘기는 소아비만 예방에도 좋고 성장판 자극에도 효과적이라 초등학생에게 매우 적합한 운동입니다.

초등 저학년은 하교 시간이 이르기 때문에 오후 시간을 활용하여 운동, 음악, 미술 등 예체능 활동을 통해 전인 교육을 하기 가장 좋은 시기입니다. 이때 다양한 활동을 경험하며 몸과 마음을 균형 있게 발딜하게 해 주면 좋습니다. 유치원부터 초등 저학년까지는 과도하게 공부에 집중하기보다 예체능을 통한 전신 발달이 균형 있게 이루어지는 것이 이후 대입까지 이어지는 중요한 기반이라고 생각합니다.

1. 규칙적인 수면 습관

매일 일정한 시간에 자고 일어나도록 해서 성장, 집중력을 돕습니다. TV, 휴대폰 사용은 취침 한 시간 전부터 제한하는 게 좋습니다.

2. 놀이형 신체 활동

줄넘기, 달리기, 술래잡기 등 즐겁게 움직이는 활동으로 지구력을 자연스럽게 기릅니다. 공부하기 전 10분 정도 스트레칭을 하는 루틴도 효과적입니다.

3. 짧고 집중된 공부 루틴

15~20분 공부 + 5분 휴식 패턴으로 집중 체력을 기릅니다. 끝까지 해냈다는 성취 경험이 체력과 자신감을 동시에 키워 줍니다.

2) 중학교

사춘기 스트레스는 운동으로 풀어 주는 것이 가장 효과적입니다. 중학생들도 고교 과정을 선행하느라 바쁘고 공부할 것이 많지만,

동시에 사춘기라 감정 기복이 가장 심한 시기이기 때문에 이 에너지를 운동으로 발산하면 마음이 훨씬 안정됩니다. 학교 운동장에서 친구들과 하는 축구와 농구는 기본이고, 테니스나 배드민턴을 배우는 학생도 있습니다. 꾸준히 산책하거나 러닝을 하는 경우도 있고, 각자 상황과 취향에 맞게 다양한 운동을 하면서 몸과 마음을 함께 챙기는 것이 중요합니다.

중학생 때 고등 과정 선행해야지 무슨 운동이냐고 생각하는 부모님도 있지만, 이는 오해입니다. 주 2~3회 정도의 규칙적인 운동이 사춘기 스트레스를 낮추고 장기적으로 공부체력을 키우는 데 가장 효과적인 방법입니다. 중학생은 고등학생보다 상대적으로 시간 여유가 있기 때문에 이 시기에 운동을 꾸준히 해 두면 나중에 공부할 때 큰 도움이 됩니다.

식습관도 빼놓을 수 없습니다. 중학생들은 하교 후 학원 가기 전 편의점에서 컵라면, 삼각김밥, 음료수 등 간식을 사먹는 일이 흔한데, 하루 한 번 정도는 괜찮지만 지나치게 자주 인스턴트 음식으로 끼니를 해결하는 것은 건강에 좋지 않습니다. 성장기에는 영양가 있는 식사를 규칙적으로 챙겨 줘야 하며, 이런 기본적인 식습관 교정이 결국 고3까지 버티는 지구력과 공부체력과도 직접적으로 연결됩니다.

1. 체계적 운동 습관

주 2~3회 이상 꾸준한 운동(축구, 수영, 탁구 등)을 통해 뇌 혈류와 체력을 동시에 높입니다.

2. 공부 시간 늘리기 훈련

처음에는 30분 단위로 시작해 점차 한 시간 이상 집중할 수 있도록 확장합니다. 중간중간 스트레칭, 간단한 간식으로 피로를 줄이는 것이 중요합니다.

3. 균형 잡힌 식습관

아침을 거르지 않고, 단백질, 복합 탄수화물, 과일을 골고루 먹어야 합니다. 과도한 카페인, 당분 섭취는 오히려 집중력을 해칩니다.

3) 고등학교

우선 운동할 시간이 절대적으로 부족합니다. 그럼에도 불구하고 일주일에 1~2회라도 꾸준히 운동을 다니는 학생들이 있습니다. 고3 수험 생활 끝까지 건강하게 버티기 위한 자신만의 비결인 셈이지요. 남학생들 중에는 고1부터 고3까지 쉬는 시간에 운동장에서 축구나 농구를 즐기는 경우도 많습니다. 그렇게 스트레스를 해소하고 체력도 유지하는 것입니다. 운동할 시간을 따로 내기 어려운 학생들은 쉬는 시간에 화장실을 다녀오며 간단한 맨손 체조나 스트레칭을 하는 경우도 많아요. 뻐근한 목과 허리를 자주 풀어 주는 것만으로도 컨디션 유지에 큰 도움이 되기 때문입니다. 중요한 것은 각자 자신의 일정과 스타일에 맞는 방식으로 끝까지 꾸준히 하는 것입니다.

영양제나 홍삼 등을 챙겨 먹는 학생들도 많습니다. 이것도 체질에 따라 효과가 다르기 때문에 중학교 3학년 정도부터 여러 종류를 시험해 보고, 몸에 무리가 없으면서 가장 잘 맞는 것을 찾는 과정이 필요합니다. 잠 역시 매우 중요합니다. 제가 고3 학생들에게 자주 했던 말이 "잠을 줄이지 마라."였습니다. 내신 기간에는 공부량이 많아 하루 한두 시간만 자면서 버티는 학생들도 있지만, 그런 극단적인 패턴은 며칠밖에 지속할 수 없습니다. 평소에는 최소 여섯 시간 이상의 숙면을 반드시 확보해야 합니다. 잠은 시간 낭비가 아니라, 내일을 위한 가장 중요한 투자이기 때문입니다. 깨어 있는 시간에 집중해서 공부하는 것으로도 충분하며, 숙면을 통해 두뇌가 회복돼야 학습 효율이 올라갑니다.

결국 좋은 체력을 유지하기 위한 필수적인 세 가지 요소는 숙면, 운동, 영양입니다. 이 기본을 꾸준히 지켜가며 공부해야 성적도 안정적으로 오른다는 점을 꼭 기억하시기 바랍니다.

고등 시기 공부체력 키우는 세 가지 방법

1. 장시간 공부 대비 체력 훈련

수능처럼 100분 정도 앉아 공부하는 모의 훈련을 주기적으로 합니다. 도중에 화장실 가기, 집중 깨기 등을 줄이는 연습도 필요합니다.

2. 마인드풀니스, 호흡법 활용

공부 전 3분 명상, 깊은 호흡 등으로 긴장 완화와 뇌 집중을 동시에 강화합니다.

3. 규칙적 수면, 휴식 관리

밤샘 공부는 효율을 떨어뜨립니다. 일곱 시간 수면 시간 확보, 주말 보충 수면으로 컨디션을 유지합니다. 낮잠은 20분 이내가 가장 효과적입니다.

체력을 기르려 시작한 운동에서 얻은 최고의 선물

박○영

서울대 경영학과 재학 중

Q1. SKY에 합격한 비결이 무엇인지 궁금합니다.

제가 대입에서 좋은 결과를 얻을 수 있었던 이유는 하나의 선택에 스스로를 가두지 않고 다양한 가능성을 열어 두는 태도를 유지했기 때문입니다. 특목고에서는 선택의 순간이 많았고, 저는 감당할 수 있는 범위 안에서 최대한 다양하게 시도해 보려 했습니다. 그 덕분에 기대와 다른 결과나 진로 변화가 생겨도, 여러 경험이 완충재처럼 작용했습니다. 선택과 집중이 중요하다는 점을 알지만, 역량을 객관적으로 파악한 상태에서의 다양한 시도는 대입 과정에서 도움이 된다고 생각합니다.

Q2. SKY 합격에 도움이 된 나만의 공부 방법이 있을까요?

효과적인 공부법은 개인의 강점과 성향에 따라 다르다고 생각합니다. 저는 빠르게 외우는 데 강점이 있어 암기 중심의 공부법을 활용했습니다. 일반적으로 과목을 암기형과 이해형으로 나누지만, 저에게는 과목들이 대부분 이해한 뒤 암기하는 것에 가까웠습니다. 이는 제 성향뿐 아니라, 범위와 정답이 명확한 내신 시험의 특성과도 맞았기 때문입니다. 이해한 후 내용을 정형화해 기억하는 방식이 제한된 시간 안에서는 더 효과적이라고 판단했습니다.

[개별 질문] #공부체력

Q1. 공부체력 유지를 위한 나만의 루틴이 있을까요?

고등학교 시기에는 학업과 운동을 꾸준히 병행했습니다. 치어리딩부 활동으로 1~2학년 때는 매일 강도 높은 운동을 했고, 고3이 되어 동아리를 그만둔 뒤에는 오히려 체력과 집중력이 떨어지는 것을 느꼈습니다. 이후 주말에 발레 수업을 들으며 체력 관리를 이어 갔습니다. 반복적인 운동 연습 과정은 체력뿐 아니라 정신력을 기르는 데도 도움이 되었고, 이는 공부에서도 버티고 반복하는 태도로 이어졌습니다. 결과적으로 고교 시절의 꾸준한 운동은 입시 기간 동안 컨디션과 페이스를 유지하는 데 큰 힘이 되었고, 대학 이후까지 이어 갈 수 있는 취미가 되었습니다.

Q2. 모든 시험은 고도의 집중력과 정확한 판단력을 요구합니다. 시험에 최적화된 몸과 컨디션을 유지하기 위해 어떤 노력을 하셨는지 궁금합니다.

수면 사이클처럼 집중력도 반복 학습된 시간 흐름을 따른다고 생각했습니다. 내신 대비 시기에는 40~50분 단위 시험 호흡에 맞춰 집중하는 연습을 했고, 수능 준비 때는 더 긴 시험 시간에 맞게 학습 리듬을 조정했습니다. 모의고사뿐 아니라 평소에 공부할 때도 시험 시간과 비슷한 길이로 집중하며, 실제 시험에서도 최적의 패턴으로 임할 수 있었다고 생각합니다.

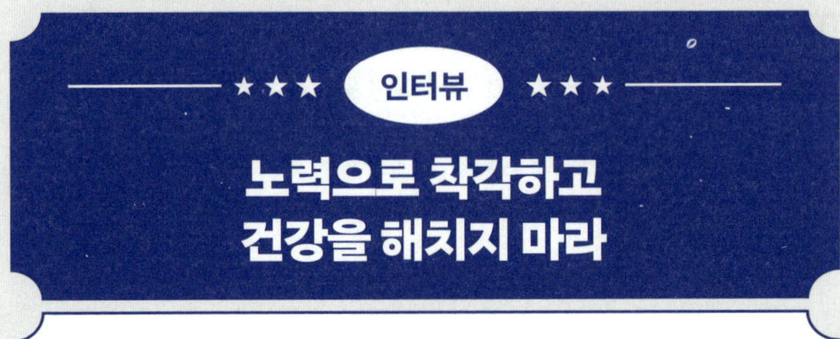

Q1. SKY에 합격한 비결이 무엇인지 궁금합니다.

시간을 허투루 쓰지 않았던 것이 가장 큰 비결이라고 생각합니다. 공부와 휴식 시간을 명확히 구분해 효율을 높였고, 고등학교 3년 동안 학교 수업과 야간 자율 학습에 빠지지 않으며 주어진 시간에 최선을 다했습니다. 대신 쉬는 시간에는 공부를 완전히 내려놓고, 다시 집중할 수 있도록 조절했습니다.

Q2. SKY 합격에 도움이 된 나만의 공부 방법이 있을까요?

문학은 교과서 지문을 여러 번 읽으며 작품의 전체 맥락을 이해하는 데 집중했고, 비문학은 기출과 사설 문제를 꾸준히 풀며 생소한 개념에도 지문을 통해 해결하는 연습을 했습니다. 수학은 교과서를 중심으로 개념원리와 쎈을 반복 활용해 출제 유형과 풀이 방식에 익숙해지는 데 집중했습니다. 영어는 어휘력을 가장 중요하게 생각해 워드 마스터를 완독했고, 모르는 단어는 그날 정리하며 교과서 지문도 반복해 익혔습니다.

[개별 질문] #공부체력

Q1. 공부체력 유지를 위한 나만의 루틴이 있을까요?

잠을 충분히 자려 했던 점이 큰 도움이 됐습니다. 평일에는 여섯 시간 반 정도, 주말에는 아홉 시간 가까이 자며 공부 시간에 졸음으로 흐트러지는 일을 막으려 했습니다. 어릴 때부터 잠이 많은 편이었지만, 주말에 충분히 쉬어 두니 평일에 덜 자도 공부 흐름을 유지할 수 있었습니다.

Q2. 모든 시험은 고도의 집중력과 정확한 판단력을 요구합니다. 시험에 최적화된 몸과 컨디션을 유지하기 위해 어떤 노력을 하셨는지 궁금합니다.

수능 몇 달 전부터는 수능 루틴에 맞춰 일과를 보냈습니다. 국어, 수학, 영이 순으로 실제 수능 시간표와 동일하게 공부하며 해당 시간에 과목에 맞는 뇌를 세팅하는 훈련을 했습니다. 이 과정이 루틴이 되면서 실제 수능에서도 자연스럽게 과목별 준비를 할 수 있었고, 결국 습관과 반복을 몸에 새길 수 있었다고 생각합니다.

#회복탄력성

자존감과 회복탄력성은
이인삼각이다

요즘 아이들은 스스로를 유리 멘탈이라고 부르며 멘붕이라는 말을 자주 씁니다. 이 글을 읽고 계신 부모님의 멘탈은 어떨까요. 쉽게 깨지는 유리 멘탈인가요, 아니면 떨어져도 다시 튀어 오르는 고무공 멘탈인가요. 유리는 떨어지면 깨지지만 고무공은 튀어 오릅니다. 공부도 마찬가지로 유연하고 탄성 있는 멘탈이 필요합니다. 그래야 역경을 딛고 다시 설 수 있기 때문입니다. 이것을 회복탄력성이 있는 멘탈이라 할 수 있습니다. 부모라면 누구나 아이가 이런 멘탈을 갖추길 바랍니다. 그렇다면 부모님부터 먼저 그런 멘탈을 갖춰 보시기 바랍니다. 힘든 일이 생겨도 마음을 추슬러 일어서는 연습을 일상에서부터 해 보세요. 그래야 자녀에게 어려운 일이 생겼을 때 자연스럽게 조언할 수 있고, 평소의 태도 자체가 설득력을 갖습니다. 자녀는 부모의 모습을 보며 이것이 옳다고 믿고 스스로도 그렇게 훈련하며 앞으로 나아갑니다. 우리 가족 모두 유리 멘탈이 아닌 회복탄력성이 있는 고무공 멘탈을 가지면 좋겠습니다.

잘못에 화내는 부모, 아이에게 화내는 부모

"선생님, 자존감이 중요한 건 아는데요. 아이 자존감을 어떻게 길러 줘야 할지 모르겠습니다. 저도 자존감이 높지 않아서요." 이런 질문을 많이 받았습니다. 자존감은 스스로의 품위를 지키고 자신을 존중하는 마음입니다. 회복탄력성은 실패를 극복하고 원래의 안정된 심리 상태로 되돌아가는 능력을 말합니다. 즉 안정된 기본 심리가 없다면 부정적인 상황에서 돌아올 곳이 없어 회복이 어렵습니다. 아이의 기본 심리가 안정되어 있어야 제자리로 돌아갈 수 있다는 뜻입니다. 회복탄력성을 기르기 위해서는 심리적 안정이 중요하고 그 중심에는 단단한 자존감이 필요합니다. 자존감은 부모의 올바른 사랑과 양육 태도를 통해 형성되며, 자존감이 클수록 실패를 겪어도 수월하게 원래 상태로 돌아올 수 있습니다.

자존감은 스스로의 품위를 지키며 자신을 귀하게 여기는 마음이 기도 합니다. 스스로에게 물어 보세요. '나는 어려움이 생겨도 좌절하지 않고 극복하려 노력하는가?', '나는 품위와 기품을 갖추고 있는가?', '나는 나 자신을 귀하게 대하고 있는가?', '나는 존경받을 만한 태도를 보였나?' 이런 질문에 쉽게 답하기 어렵다면 나 역시 단단한 자존감을 갖추지 못했을 가능성이 있습니다. 그렇다면 자녀에게 자존감이 무엇인지 구체적으로 알려 주고 키워 주는 일도 어려워집니다.

뭘 알려 줄지 모르겠어도 최소한 하지 말아야 할 건 알아야겠죠. 자녀의 자존감을 위해 하지 말아야 할 가장 큰 것은 잘못한 것보다 훨씬 과하게 혼내며 인격을 깎아내리는 일입니다. 절대 그렇게 해서는 안 됩니다. 제가 특목고에서 10년 넘게 근무하며 많은 학생을 상담하고 얻은 결론입니다. 자녀도 사람인 만큼 실수나 잘못을 합니다. 이때 사실에 근거해 무엇이 문제였는지, 어떤 결과가 생길 수 있는지 차분히 알려 주는 훈육은 반드시 필요합니다. 부모가 이런 역할을 하지 않는다면 가정 교육을 소홀히 하는 것과 같습니다. 그러나 아이의 잘못이 10이리면 10에 맞게 혼을 내야 합니다. 강한 충격을 줄 정도로 과도한 훈육을 하는 경우가 있는데 이는 옳지 않습니다. 물리적 폭력뿐 아니라 언어적, 정서적 폭력도 폭력입니다. 그런데도 잘못을 과하게 부풀려 아이를 몰아붙이며 정서적 폭력을 쏟아붓는 경우가 있습니다. 자아가 형성되기 전 이런 일이 반복되면 아이는 자신을 쓸모없는 존재라 여기며 위축되고 눈치를 보게 됩니다. 이런 과정이 반복되면 자존감에 금이 가고 사춘기에 접어들면 억눌렸던 감정이 반항으로 터져 나옵니다. 그때 부모는 아이가 친구를 잘못 만났다거나 갑자기 변했다고 생각하지만 실제로는 그동안 누적된 정서적 폭력의 결과일 수 있습니다. 부모 스스로는 잘못을 했을 때만 훈육했다고 믿을 수 있으나, 아이의 눈에 부모가 정말 존중받을 만한 존재였는지 돌아볼 필요가 있습니다. 아이는 억울함을 느끼거나 부모도 완벽하지 않은데 자신에게만 엄격하다고 느꼈을 수도 있습니다. 자녀의 자존감에 상처를 내지 않기 위해 훈육 시 다음 사항을 생각해 보시기 바랍니다.

1. 부모인 나는 스스로 떳떳한 삶을 살고 있는가
2. 혼낼 때 아이가 납득할 만한 부모로서의 자격이 있는가
3. 잘못의 정도에 맞게 훈육하고 있는가
4. 내 감정을 풀기 위한 것이 아니라 아이가 잘못을 인지하고 다시 반복하지 않도록 돕는 훈육을 하고 있는가
5. 잘못된 행동만을 지적하는 게 아니라 아이의 존재 자체를 훼손하고 있지는 않은가

자녀를 훈육하기 전 부모로서 먼저 내 삶을 점검할 필요가 있습니다. 자존감이 단단한 아이는 회복탄력성이 뛰어나 다시 원래의 자리로 돌아옵니다.

불안감이 높지 않은 사람으로 키우는 것도 중요합니다. 불안감이 높으면 멘탈이 쉽게 무너집니다. 저도 아들을 키우는 엄마인데 아이가 가끔 이렇게 말합니다. "엄마 큰일 났어요." 그러면 저는 이렇게 답합니다. "살다 보면 큰일은 생각보다 잘 일어나지 않아." 정말 크게 다치는 일이 아니라면 대부분은 큰일이 아닙니다. 별일 아니라는 인식을 평소에 익히는 것이 중요합니다. 이렇게 습관이 되면 예상치 못한 일이 생겨도 자연스럽게 괜찮다고 되뇌며 넘어갈 수 있습니다. 반대로 실제로는 별일이 아닌데 부모가 늘 과민하게 반응하면 아이의 심리는 불안해집니다. 별일에도 가슴이 조마조마해지고 두려움이 앞서게 됩니다. 이렇게 걱정이 쌓이면 불안이 되고, 불안은 일상에서 행복을 느끼기 어렵게 만들며 문제 해결 능력도 제한합니다. 장기적으로는 우울감, 불안, 무기력으로 이어질 수 있습니다. 이 악순환을 끊기란 쉽지 않습니다. 따라서 부모가 무심코 하는 말과 행동이 자녀의 불안을 키우는 것은 아닌지 돌이켜봐야 합니다. 별일 아닌 상황에서 과민 반응하지 않으려는 노력이 필요합니다.

SKY라고 처음부터
실패 없이 잘했겠는가?

결과만 보면 늘 성공 가도를 달려온 것처럼 보이는 선배들도 수많은 실수와 실패를 겪었습니다. 노력과 도전을 많이 해 왔기 때문에 오히려 여러분보다 더 많은 실패를 마주했을 수도 있습니다. 그 과정에서 배울 것은 배우고 아픔을 극복하며 일어섰기에 지금의 결과를 얻은 것입니다. 처음부터 잘했던 사람은 없고 계속 잘해 온 사람도 없습니다. 여러 번 넘어지고 깨지고 다시 일어서며 앞으로 나아가는 일을 반복한 사람만이 원하는 결과를 맞이하게 됩니다. SKY에 합격한 학생들의 전형적인 실패 경험과 그것을 극복한 과정을 소개하겠습니다.

서울대 경제학부에 학생부 종합 전형으로 합격한 학생 H는 중학교까지 늘 최상위권이었습니다. 별다른 선행 없이 특목고에 입학한 뒤 스스로 기본기가 있다고 생각해 자기 주도 학습만으로 과정을 따라가고 있었지만 1학년 1학기 시험에서 수학 3등급을 받았습니다. 처음으로 노력만으로는 되지 않는 일이 있다는 걸 느꼈다고 합니다. 여름 방학이 되자 공부 시스템을 처음부터 다시 세우기로 했습니다. 예습을 반드시 하고, 그날 배운 내용은 매일 밤 10시까지 복습을 마치고, 2주마다 학교 수업 내용을 정리하는 방식으로 계획을 세웠습니다. 그 결과 2학기에는 수학 1등급을 받았습니다. 겨울 방학에는 부족함을 느꼈던 수학 선행 학습에 집중해 고2 수학을 준비했고, 2학년 1학기에도 1등급을 받았으며 모의고사에서도 좋은 결과를 냈습니다. 결국 출중한 수학 실력을 바탕으로 서울대 경제학부에 합격했습니다. 학생 H는 처음부터 잘했다면 공부 방법과 부족한 부분을 고민할 기회가 없었을 것이라며, 오히려 고1 때 3등급을 받은 게 장기적으로 도움이 되었다고 했습니다.

고려대 미디어학부에 학생부 종합 전형으로 합격한 K 학생은 매우 성실한 편이었습니다. 매일 학교에 남아 자기 주도 학습을 꾸준히 했고 평일에는 여섯 시간 이상 자습을 할 정도였습니다. 문제는 모의고사와 내신 시험 후 오답 분석을 하지 않는 습관이 있었다는 겁니다. 노력의 양은 충분했지만 체계적인 피드백이 없었던 거죠.

그러다 2학년 1학기 중간고사에서 국어와 수학 모두 3등급을 받으면서 본인이 투자한 시간에 비해 성과가 나오지 않는다고 느끼게 되었습니다. 기말고사부터 오답 노트를 철저하게 만들기 시작했고, 틀린 이유를 개념 이해 미흡, 응용력 부족, 계산 실수, 시간 부족, 부주의 등으로 분류하며 개선점을 찾았습니다. 애매하게 이해한 부분은 선생님께 확인을 받았습니다. 그해 5월부터 시작한 이런 노력이 2학기부터 성과로 나타났고 국어와 수학 모두 1등급을 받았습니다. 이 분석형 공부법은 모의고사에도 그대로 적용되어 2학년 마지막 모의고사에서 주요 과목 모두 1등급을 받을 수 있었습니다. 결국 고려대 미디어학부에 합격했죠. 이 학생이 후배들에게 했던 말이 인상 깊습니다.

"실수한 이유를 분석하고 다시는 반복하지 않는 게 정말 중요해요. 기록하는 순간 그 실수와 실패는 나의 자산이 됩니다."

잘된 사람들의 결과만 보지 마십시오. 그 과정에서 선배들이 걸어온 길을 자신도 밟아 나갈 마음을 갖고 실수와 실패를 견디며 목표를 향해 나아가야 합니다. 입시의 관점에서 SKY 합격은 그 자체로 좋은 성과이지만, 더 깊게 들여다보면 12년 동안 초중고 생활을 성실하고 책임감 있게 보냈다는 의미이기도 합니다. 이렇게 몸과 마음을 단련한 사람은 성인이 된 이후에도 같은 패턴을 이어 갈 가능성이 높습니다.

원하는 대입 결과를 얻지 못하고 졸업해도 괜찮습니다. 하지만 성실성과 책임감은 반드시 몸으로 익힌 뒤에 졸업해야 합니다. 그것이 성인이 된 이후 삶을 이끄는 기본 축이기 때문입니다.

실패에도 웃을 수 있는 부모가
아이를 SKY에 보낸다

학생들은 보통 가족과 많이 닮아 있습니다. 분위기, 말투는 물론 생각하는 방식과 가치관까지 놀라울 만큼 비슷합니다. 가족 분위기가 유난히 엄격하고 실수나 실패를 용납하지 않는 집에서 자란 학생들은 어떨까요. 본인 역시 그런 가치관을 갖고 있는 경우가 대부분입니다. 자녀는 부모의 영향을 그대로 받기 마련이니까요. 자녀에게 실수와 실패를 허용하지 않으면 어떻게 자랄까요. 답은 뻔합니다. 조금이라도 실패할 가능성이 보이면 아예 도전을 하지 않게 됩니다. 그런데 세상일에 100% 확실한 것이 과연 있을까요. 해가 동쪽에서 떠서 서쪽으로 진다, 지구가 태양을 공전한다 같은 자연의 법칙을 빼고 인간사에 100%라고 말할 수 있는 일은 거의 없습니다. 최선을 다해도 실수와 실패를 하는 것이 인간입니다. 어른도 실수하는데 아이들은 더할 수밖에 없습니다.

아이에게는 실수하고 실패할 권리가 있습니다. 중요한 것은 그 과정에서 무엇을 배우고 다시 어떻게 씩씩하게 나아가느냐입니다. 그 경험을 통해 스스로 회복탄력성을 키워야 합니다. 실수와 실패 자체를 해서는 안 된다고 생각하는 것은 잘못된 관점입니다. 어릴 때부터 "실수하지 마라.", "절대 실패하면 안 된다." 같은 말을 무심코 자주 하고 있지는 않은지 부모로서 돌아볼 필요가 있습니다.

자녀가 학창 시절이나 대입에서 실패를 겪었을 때는 부모의 반응이 매우 중요합니다. 그 모습을 자녀가 배울 수도 있고, 시간이 지나 인생의 가치관으로 자리 잡을 수 있기 때문입니다. 실수와 실패를 허용하지 않는 가정에서 자란 학생들은 자신에게 지나치게 가혹한 잣대를 들이댑니다. 이것이 결국 자신을 옥죄는 족쇄가 되기도 합니다. 실수와 실패 자체를 막으려 하기보다, 같은 실수를 반복하지 않도록 그 안에서 배우고 성장하는 시간이 더 중요합니다. 그래야 회복탄력성을 배우게 되고, 이 능력이 인생을 살아가는 데 든든한 자양분이 되기 때문입니다.

처음부터 잘하는 사람은 없습니다. 누구나 할 수 있는 만큼 도전하고 또 도전하는 과정 속에서 한 단계씩 성장합니다. 그래서 가정에서는 실패와 실수를 허용하는 문화를 만들어 줘야 합니다. 이런 가정에서 자란 아이들은 스스로의 힘으로 대입을 버텨 내고, 대학 이후 진로를 향해서도 더 힘차게 나아갑니다. 실수와 실패가 두렵지 않기 때문입니다.

실수와 실패를 허용하는 가족 문화를 만들기 위해 다음과 같은 태도를 실천해 보면 좋겠습니다. 우선 실수도 학습의 일부라는 점을 말로 분명히 알려 주세요. "실수해도 괜찮아, 그게 배우는 과정이야." 같은 메시지를 일상에서 자주 전달하는 것이 중요합니다. 마음속으로만 생각하지 말고 실제 말로 표현해야 아이에게 전달됩니다. 시험이나 활동에서 실수가 있었을 때 왜 틀렸는지 따지기보다 다음에는 어떻게 하면 좋을지 해결 과정에 집중해 대화를 나눠 보세요. 실수를 숨기거나 죄책감을 느끼게 하기보다는 실수에서 학습을 거쳐 성장으로 이어지는 흐름을 보여 주는 관점 전환이 필요합니다.

또 부모가 실수했을 때 모범적으로 인정하고 사과하는 태도가 중요합니다. 부모도 사람이라 실수할 수 있다는 사실을 아이 앞에서 솔직하게 드러내 주세요. "어제 할 일이 많아서 그걸 사 오는 걸 깜빡했네. 미안해. 다음부터는 네 이야기에 더 집중할게." 처럼 구체적으로 말하고 사과하면 아이에게 큰 신뢰를 줍니다. 부모가 스스로 완벽하지 않다는 메시지를 전하면 아이도 실수하고 실패해도 된다는 사실을 자연스럽게 이해하게 됩니다.

실패 이후에는 함께 해결책을 찾는 데 초점을 맞춰 주세요. "이거 누가 그랬어."라고 따지기보다 "다음에는 어떻게 하면 좋을까."를 함께 고민하는 편이 좋습니다. 예를 들어 숙제나 과제를 늦게 냈다면 "왜 늦게 냈어." 대신 "다음에는 기한 안에 내기 위해 어떻게 해야 할까."를 같이 생각해 보는 것입니다. 이 과정에서 아이는 해결책을 떠올리고 실행해 보는 힘을 기르게 됩니다.

성과보다 노력과 과정, 도전에 칭찬의 초점을 맞추는 것도 중요합니다. 결과만 강조하면 실패에 대한 두려움이 커집니다. "얼마나 열심히 준비했는지 알고 있어. 매사에 최선을 다하는 네가 정말 멋지다."처럼 노력과 시도를 인정해 주세요. 그러면 아이는 성공했을 때만 칭찬받는 게 아니라 노력하는 자신 자체가 존중받는다는 느낌을 갖게 됩니다. 실패를 두려워하지 않고 도전할 수 있는 안전한 분위기 역시 필요합니다. 실수를 숨기거나 부끄러워하는 분위기를 바꾸기 위해, 실수한 아이를 비난하거나 벌하기보다 먼저 위로하고 대화를 나눌 수 있는 환경을 마련해야 합니다. "괜찮아, 걱정 말고 다시 해 보자."라고 말해 줄 수 있는 태도가 중요합니다. 이런 비난 없는 문화는 자신감과 회복탄력성을 키우는 데 긍정적인 영향을 줍니다. 자녀가 작은 실패를 경험하도록 허용하고, 그 안에서 피드백과 성찰의 기회를 주는 것도 좋습니다.

번아웃을 극복하지 못하는 아이의 다섯 가지 특징

과도한 사교육과 선행 학습으로 번아웃 증상을 보이며 소아정신과를 찾는 학생이 늘고 있습니다. 한때는 사회생활에 지친 어른들에게만 쓰이던 번아웃이라는 말을 초등학생에게까지 사용해야 하는 현실이 안타깝습니다. 부모의 불안이 커질수록 사교육비가 늘어난다는 말이 있습니다. 수능에서 킬러 문항을 없앤다고 발표했지만 고교학점제 전면 시행, 통합형 수능 도입 등으로 초중고 사교육비는 줄지 않고 있습니다. 대입 정책이 바뀔 때 가장 불안한 사람은 학생보다 부모일 때가 많습니다. 경기가 나빠도 사교육비만은 줄일 수 없다고 말하는 분들도 있습니다. 이 사교육이 정말 자녀를 위한 것인지, 아니면 부모 자신의 불안을 달래기 위한 소비는 아닌지 한 번쯤은 객관적으로 돌아볼 필요가 있습니다. 열다섯 살은 번아웃을 겪기에 너무 이른 나이죠. 그럼에도 어린 시절부터 과도한 선행과 사교육 속에 지내다가 중고등학생이 되어 번아웃 상태에 빠지는 사례가 적지 않습니다. 많은 시간과 에너지, 교육비를 들여 얻고 싶은 결과가 번아웃일 리는 없겠죠.

이렇게 번아웃이 늘어나는 데는 몇 가지 공통된 배경이 있습니다. 그중 많이 언급되는 것은 다음과 같습니다. 학생과 부모 모두 성적 경쟁에 끊임없이 노출되어 심리적 압박을 크게 받는 환경, 학교 수업에 더해 학원과 자습으로 하루 대부분을 공부로 보내며 만성적인 수면 부족에 시달리는 생활, 스스로 목표를 세우기보다 부모와 학교의 요구에 따라 움직이며 자율성이 박탈된 상황, 노력의 과정보다 성적과 합격 여부 같은 결과만 중시하는 문화, 운동과 취미, 휴식이나 친구 관계 같은 정서적 균형이 무너진 일상이 번아웃을 부추깁니다. 특히 너무 이른 나이부터 시작한 선행과 사교육이 몇 년간 이어지면 아이는 결국 에너지가 고갈되기 마련이죠. 노력의 끝이 소아정신과 상담이라면 결코 바람직한 방향은 아닐 것입니다. 초중고 시기에 번아웃이 올 때까지 밀어붙이는 일만큼은 피해야 합니다. 장기적인 안목을 가지고 자녀를 지도하면서 이런 위험을 늘 염두에 둘 필요가 있습니다.

그렇다면 우리가 말하는 번아웃은 정확히 어떤 상태일까요. 번아웃은 단순한 피로가 아니라 열심히 해도 더 이상 동기가 생기지 않고 공부가 무의미하게 느껴지는 상태입니다. 공부 에너지의 연료 탱크가 거의 비어 있는 상태라고 볼 수 있습니다. 그 이유를 조금 더 구체적으로 살펴보면 다음과 같습니다. 완벽주의적인 공부 태도는 번아웃을 부르는 대표적인 요인입니다. 한 문제라도 틀리면 안 되는 것처럼 생각하고, 친구와 성적을 끊임없이 비교하다 보면 성취보다 불안이 앞서 에너지를 다 소진하게 됩니다. 이를 줄이기 위해서는 완벽보다 지속성에 의미를 두는 태도로 전환해야 합니다. 공부 계획도 100퍼센트 달성보다 오늘 할 일의 대부분을 꾸준히 지키는 것에 초점을 두고, 틀린 문제는 실패가 아니라 성장의 흔적으로 생각하는 편이 좋습니다. 일주일에 한 번 정도는 스스로를 칭찬하는 시간을 마련해 그 주에 지킨 습관 한 가지를 떠올리며 뿌듯함을 느껴 보는 것도 도움이 됩니다.

여기에 더해 휴식 없는 촘촘한 스케줄 역시 번아웃을 부릅니다. 남들도 다 이 시간까지 공부하니 나도 해야 한다는 생각으로 하루를 빽빽하게 채우면 뇌의 피로가 누적되고 감정을 회복할 여지가 사라집니다. 이는 집중력 저하와 성취감 하락, 자존감 저하로 이어집니다. 공부 사이사이에 반드시 짧은 휴식을 넣고, 산책이나 음악, 가벼운 스트레칭처럼 몸과 마음을 잠시 풀어 주는 시간을 확보해야 합니다. 초등 시기에는 주말 이틀 중 하루 이상, 중학생은 적어도 일요일 하루, 고등학생은 일요일 일부 시간이라도 공부에서 손을 떼고 쉬는 날을 정하는 것이 좋습니다. 뇌와 몸이 회복되어야 장기 기억도 유지됩니다.

또 한 가지 중요한 요인은 왜 공부해야 하는지 이유가 불분명한 상태, 즉 내면의 동기가 부족한 상태입니다. 좋은 대학에 가야 인정받을 수 있으니 공부한다 같은 외적 동기만으로는 오래 버티기 어렵습니다. 이럴 때는 내가 공부를 통해 이루고 싶은 것, 배우고 싶은 것, 되고 싶은 사람의 모습을 글로 적어 보는 과정이 필요합니다. 머릿속으로만 생각하는 것과 실제로 써 보는 것은 다릅니다. 이렇게 자신만의 공부 이유를 정리하고, 그에 맞춰 비전 보드를 만들어 보는 것도 한 방법입니다. 나보다 한 걸음 앞선 선배나 멘토와 대화를 나누며 구체적인 경험담과 시행착오를 듣는 것 역시 내적 동기를 키우는 데 도움이 됩니다.

동기만이 문제가 되는 것은 아닙니다. 비교와 경쟁 중심의 환경도 번아웃을 심화시킵니다. 원치 않아도 집에서, 학교에서, 학원에서, SNS 속에서 끊임없이 비교에 노출됩니다. 나만 뒤치지는 것 같은 박탈감이 쌓이면 쉽게 지치게 됩니다. 이럴 때는 타인과의 비교에서 의도적으로 한발 물러나서 나 자신의 공부 시간과 노력을 기록해 나가는 것이 좋습니다. 오늘 내가 한 일을 짧게라도 적으며 어제의 나와 비교하는 방향으로 기준을 바꾸는 연습이 필요합니다.

또 한편으로 감정과 멘탈 관리를 소홀히 하는 것도 큰 문제입니다. 공부만 잘하면 된다는 생각에 감정 조절, 스트레스 해소, 자기 돌봄 습관을 기르지 못한 학생들도 많습니다. 장기 레이스인 대입 과정에서는 이 부분이 매우 중요합니다. 매일 오늘의 기분을 단어로 적고 그 이유를 한 줄로 정리해 보는 간단한 습관만으로도 감정이 정리될 수 있습니다. 짧은 호흡 연습, 명상, 감정 일기, 상담 등을 통해 정신적 체력을 기르는 연습을 하고, 가족과 친구와의 따뜻한 관계를 유지하는 것 역시 큰 회복제가 됩니다.

이렇게 여러 요소를 들여다보고, 많은 학부모와 학생을 상담하며 느끼는 공통된 단어는 결국 불안입니다. 부모의 불안이 크면 아이의 기질과 속도를 충분히 이해하기도 전에 무작정 선행 학습과 사교육이 시작되기 쉽습니다. 아이가 보내는 신호를 보지 못하거나 알면서도 외면하는 상황이 반복되면 아이의 멘탈은 점점 무너지고 회복탄력성도 약해집니다. 해결하기 어려운 과제가 계속 주어지고 빽빽한 일정이 오래 이어지면 무기력이 찾아옵니다. 무기력이 온 상태에서 무작정 정면 돌파만 요구하면 오히려 아이를 더 깊은 수렁으로 밀어 넣을 수 있습니다. 이럴 때는 최소한 며칠이라도 푹 자고 푹 쉬는 시간이 필요합니다. 지금 공부를 조금 덜 하고 잠을 더 잔다고 해서 큰일이 나는 것은 아닙니다. 어떤 학생에게는 정면 돌파가 답이지만 또 어떤 학생에게는 쉼이 먼저일 수 있습니다. 아이의 몸과 마음이 얼마나 지쳐 있는지 살펴보는 눈이 필요합니다. 이미 슬럼프에 빠졌다면 부모와 아이 모두 마음의 여유를 가지고 그 구간을 빠져나갈 시간을 허락해야 합니다. 사교육 자체가 모두 나쁜 것은 아니고, 적절하게 활용하면 분명 도움이 되기도 합니다. 다만 부모의 불안 때문에 무리하게 선행과 사교육을 밀어붙이면 아이의 정신적, 정서적 위험이 커질 수 있습니다. 아이가 보내는 위험 신호를 놓치지 않는 것이 중요합니다. 예를 들어 아침마다 배가 아프다, 머리가 아프다며 자주 학교에 가기 싫어한다면 심리적 압박이 몸의 증상으로 나타나는 것일 수 있습니다. 이때는 무조건 다그치기보다 어떤 점이 힘든지 차분히 물어보고, 당분간 꼭 필요하지 않은 학원이나 과외를 조정해 아이가 숨 쉴 수 있는 시간을 마련해 주어야 합니다. 또 "난 못해.", "난 쓰레기야." 같은 자기 비하 발언이 잦아졌다면 비교와 평가 중심의 대화가 누적되어 자존감이 많이 떨어진 상태일 수 있습니다. 이때는 성적이 아니라 포기하지 않고 끝까지 해낸 과정과 노력을 구체적으로 칭찬해 주어야 합니다. 다른 아이와 비교하는 말은 최대한 줄이고, 아이가 자기 속도대로 잘하고 있다는 메시지를 반복해서 전달해 주는 것이 좋습니다. 표정이 무기력해지고 웃음이 줄어들었다면 공부가 성취의 기쁨이 아니라 불안을 피하기 위한 수단이 되어 가고 있다는 신호일 수 있습니다.

주기적으로 아이가 하고 싶은 일로 하루를 채울 수 있는 날을 정해 주고, 그날 무엇이 가장 즐거웠는지 이야기를 나누면서 행복한 감정 경험을 회복시켜야 합니다. 또 잠이 부족한데도 쉬는 것을 불안해한다면 부모의 불안이 아이에게 학습 불안으로 옮겨 간 경우일 수 있습니다. 이때는 먼저 충분히 쉬는 것이 필요하다는 메시지를 부모가 분명히 전해야 합니다. 하루 계획을 함께 짜되, 공부보다 먼저 수면과 식사, 휴식 시간을 확보하는 식으로 일정을 다시 구성해 보는 것이 좋습니다. 마지막으로 부모와의 대화가 점점 짧아지고 감정 표현을 피하는 아이는 부모가 자신의 마음보다 결과만 본다고 느끼고 있을 수 있습니다. 관계가 완전히 멀어지기 전에 학업 이야기는 조금 줄이고, 그날 맛있었던 점심 이야기나 친구와 있었던 즐거운 일처럼 공부와 상관없는 대화를 의도적으로 늘려야 합니다. 짧은 시간이라도 눈을 마주치고 아이의 말을 중간에 끊지 않고 들어 주는 것만으로도 마음의 문이 닫히지 않습니다.

아이의 마음이 보내는 이런 신호들을 가볍게 넘기지 말고, 이 시기에 가장 필요한 것은 더 많은 사교육이 아니라 부모의 더 많은 신뢰와 따뜻한 관심을 보내는 태도라는 점을 기억해 주면 좋겠습니다.

가분수 학습을 멈추고
슬럼프를 물리쳐라

대한민국은 7세 고시라는 말이 나올 만큼 특히 학업 경쟁이 치열해서 아예 해외에 나가 살고 싶다고 말하는 분들도 종종 있습니다. 제가 실제로 2천 명 가까운 고등학생을 지도하면서 느낀 것은 다른 사람보다 빨리 시작하거나 더 빨리 달리는 것이 중요하지 않다는 점이었습니다. 부모로서 자녀가 자기 시기에 스스로 해낼 수 있는 그릇과 역량, 책임감과 좋은 습관을 기워 주는 것이 더 중요합니다.

생애 첫 10년은 무엇보다 몸과 마음이 건강하게 자라는 시기입니다. 몸과 마음이 조화롭게 자라야 합니다. 그런데 이런 아이들을 가만히 책상에만 앉혀 놓고 책을 많이 보게 하고 문제집을 많이 풀게 하며 자기 수준보다 높은 학년의 내용을 몇 년씩 선행하게 하면 어떻게 될까요. 학원 다니느라 숙제하느라 놀이터에서 뛰어놀 시간도 없고 자전거 탈 시간도 없고 친구랑 놀 시간도 없다면, 주말에도 늦잠 한 번 못 자고 가족끼리 여유롭게 식사하고 신나게 노는 일도 없다면 아이 마음 안에 어떤 피로가 쌓일지 떠올려 보셔야 합니다.

아이들은 최소한 생애 첫 10년 동안은 땅과 흙을 밟고 힘차게 발을 구르며 놀아야 합니다. 그래야 몸과 머리가 균형 있게 자라고 오감도 건강하게 발달합니다. 그런데 그렇게 자라야 할 시기에 아이를 계속 의자에 앉혀 두고 선행 학습과 과도한 사교육으로 머릿속에만 무언가를 집어넣으면 아이는 가분수가 됩니다. 몸이 튼튼하게 자라는 속도보다 머리에 넣는 것이 더 빠르면 머리가 커져 가분수가 되는 셈입니다. 그런 상태로 걷다 보면 뒤뚱거리다가 균형을 잃고 넘어질 수도 있습니다.

책을 읽고 배경지식을 키우는 것은 물론 중요합니다. 다만 자기 나이에 맞는 정도의 학습을 하면서 동시에 몸도 튼튼하게 자랄 수 있는 시간과 여유를 반드시 보장해 주어야 합니다. 너무 서두르지 마세요. 중학교 1학년 때 한 달이면 충분한 내용을 초등 3학년이 하려고 하면 1년이 걸리기 마련입니다. 아이가 힘들어하는 것은 당연합니다.

가분수가 되면 머리가 무겁고 다리가 그걸 버티지 못해서 결국 고꾸라집니다. 오뚝이처럼 쉽게 일어나지 못합니다. 회복탄력성이 있으려면 머리보다 머리와 몸통을 받치는 두 다리가 더 튼튼해야 합니다. 그 힘은 어렸을 때부터 실패도 해 보고 스스로 힘껏 일어서 본 경험에서 나옵니다. 회복탄력성을 키워 주고 싶다면 어린 시기에 너무 과도하게 학습만 시키기보다 자녀가 스스로 선택하고 책임지며 실수나 실패를 자기 힘으로 해결해 볼 수 있는 시간을 충분히 주어야 합니다. 그 힘은 머릿속 지식이 아니라 튼튼한 몸과 안정적인 정서에서 출발합니다.

마음껏 놀아야 할 시기에 학습을 너무 시키면 아이가 가분수가 되는 이유를 몇 가지로 정리해 보겠습니다. 우선 인지 발달보다 정서 발달이 먼저인데 이 순서가 자주 뒤바뀝니다. 유아기와 초등 저학년 시기는 뇌의 정서 영역, 즉 감정을 조절하고 사회성을 키우는 부분이 먼저 성장하는 시기입니다. 그런데 조기 학습으로 인지 자극만 계속 주면 감정을 다루는 힘인 정서 조절력이 충분히 발달하지 못합니다. 그 결과 머리는 똑똑하지만 감정에 쉽게 무너지는 불안정한 아이가 될 수 있습니다. 그래서 학습보다 정서 표현을 먼저 가르치는 지혜가 필요합니다. 오늘 하루 기분이 이땠는지, 어떤 일이 속상했는지, 화가 났다면 어떤 마음이었는지를 묻는 감성 대화 시간을 하루 10분이라도 확보하기를 권합니다. 정서 발달이 충분해야 인지력도 안정적으로 올라갑니다.

또 호기심이 강제로 사라질 수 있습니다. 아이의 뇌는 궁금한 것에서 출발해 스스로 탐색하고 그 과정에서 성취감을 느끼며 배움을 이어 가는 구조를 가지고 있습니다. 그런데 부모가 모든 답을 먼저 알려 주면 자발적 탐구 회로가 꺼져 버립니다. 배우는 즐거움이 아니라 시키는 공부만 하는 수동적인 아이가 될 위험이 있습니다. 정답을 빨리 알려 주기보다 왜 그럴까, 다른 방법은 없을까 하고 질문을 늘려 보세요. 자연을 함께 살펴보는 일이나 만들기, 간단한 실험 놀이 같은 관찰, 탐색형 놀이를 매일 조금씩이라도 하는 것이 좋습니다. 공부의 출발점은 몇 가지 지식을 아는 것이 아니라 세상에 대한 지적 호기심이라는 것을 잊지 않는 게 중요합니다.

자기통제력이 자라기 전에 외부 통제에 먼저 길들여지는 것도 위험합니다. 유년기와 초등 시기에는 스스로 멈추고 다시 시작할 줄 아는 힘, 자기통제력이 자라야 합니다. 그런데 과도한 사교육 속에서 엄마가 시키니까, 학원에서 가라고 하니까 움직이는 패턴이 반복되면 행동을 결정하는 기준이 모두 밖에 있게 됩니다. 그러면 자기 주도 학습의 씨앗이 자라기 어렵습니다. 아직 어려 보이더라도 작은 선택권을 자주 주어야 합니다. 숙제나 공부를 마친 뒤에는 반드시 놀기, 산책, 음악 듣기처럼 아이가 좋아하는 활동으로 스스로를 보상할 수 있게 도와주세요. 통제에서 자율로 옮겨 가는 경험이 곧 자기통제력 훈련입니다.

놀이가 부족하면 창의력 회로도 닫힙니다. 놀이는 단순한 휴식이 아니라 두뇌를 통합적으로 자극하는 가장 효율적인 학습 도구입니다. 특히 자유롭게 상상하고 역할을 바꾸어 보는 자유 놀이는 문제 해결력과 융합적 사고력의 기초가 됩니다. 그런데 놀 시간이 사라지면 아이의 사고는 정답 중심의 고정된 방식으로 굳어 버립니다. 주 1회만이라도 놀이 중심의 하루, 학습이 없는 날을 만들어 보세요. 부모가 함께 참여하는 보드게임, 만들기, 소꿉놀이 같은 공동 놀이가 가장 좋습니다. 아이가 노는 시간은 곧 미래의 창의력에 대한 투자입니다.

성취 경험에 비해 실패를 회복해 본 경험이 부족한 것도 문제입니다. 조기 학습으로 성공 경험만 쌓은 아이는 실패를 견디는 근육이 약합니다. 처음 맞닥뜨린 시험 실패나 경쟁, 비교 상황에서 쉽게 무너지고 도전보다 회피를 선택하기 쉽습니다. 그래서 실패를 두려워하지 않도록 작은 좌절을 함께 경험하며 자라게 해야 합니다. 만들기가 잘 안 될 때도 있고 게임에서 질 때도 있고 그림을 망칠 수도 있습니다. 이런 경험을 하면서 "괜찮아, 다시 해 보면 돼."라는 말에서 한 걸음 더 나아가 어떤 부분이 어려웠는지, 다음에는 이렇게 해 보면 좋을지 함께 이야기해 주는 것이 필요합니다. 실패를 성상의 일부로 받아들이는 분위기를 만들어 주어야 합니다.

결론적으로 놀이는 낭비가 아니라 평생 학습의 뿌리입니다. 마음껏 놀 수 있는 시기에 충분히 놀지 못한 아이는 나중에 공부를 열심히 해도 쉽게 지치고 자신을 믿기 어렵습니다. 제대로 놀아 보지 못했기에 노는 것에 대한 미련과 아쉬움도 마음속에 많이 남습니다. 반대로 충분히 놀아 본 아이는 세상을 궁금해하고 실패를 두려워하지 않으며 자기 속도로 끝까지 가는 힘을 갖게 됩니다. 아이들은 놀 권리가 있습니다. 그 권리를 부모가 함부로 박탈해서는 안 됩니다.

1) 초등학교

자존감이 바로 서 있는 아이는 위기나 어려움이 오더라도 회복탄력성을 발휘해 다시 원래 자리로 돌아올 가능성이 높습니다. 자존감은 스스로를 존중하는 마음인데 태어나자마자 가장 가까이에서 가장 오래 함께하는 부모에게 존중을 충분히 받은 아이는 자신을 꽤 괜찮고 가치 있는 사람이라고 느끼게 됩니다. 그래서 부모의 양육 태도가 중요합니다.

학원을 하나 더 보내는 일이나 장난감을 하나 더 사주는 일, 더 좋은 집에서 사는 조건보다 훨씬 중요한 것은 부모에게서 사랑과 보호와 존중을 충분히 경험하는 것입니다. 초등학교 때까지는 부모가 훈육해야 할 일이 많지만 이 시기에 폭발하는 화로 아이를 다그치는 방식은 도움이 되지 않습니다. 가능한 한 사실을 기반으로 치분하게 설명하고 가르치는 태도가 필요합니다. 물론 쉽지 않은 일이지만 부모가 이 부분을 잘 해냈을 때 아이는 평생 자산이 되는 자존감을 갖게 됩니다. 그래서 생애 첫 10년 동안의 양육과 교육은 무엇보다 세심하고 안정적으로 이루어져야 합니다.

1. 감정 표현과 다루기 연습

그림일기, 감정 카드, 역할 놀이 등을 통해 기쁨, 슬픔, 화남 등을 말과 행동으로 표현하게 합니다. "기분이 상했구나." 같은 감정 언어를 부모, 교사가 자주 사용하면 자기 감정을 인식하고 조절하는 힘이 커집니다.

2. 작은 성공 경험 쌓기

숙제하기, 방 정리, 친구와 협동 게임 등 작은 목표를 정하고 달성했을 때 칭찬합니다. 실패했더라도 시도한 과정 자체를 인정해 주는 것이 중요합니다.

3. 안정적 지지 관계 만들기

부모, 교사, 친구에게서 일관된 관심과 사랑을 경험할 때 아이는 "내가 보호받고 있다."라는 안전감을 가집니다. 정기적으로 가족 대화 시간을 갖는 것도 큰 도움이 됩니다.

2) 중학교

부모의 영향력이 서서히 줄어들고 또래 집단이 중요해지기 시작하면 아이는 친구에게서 훨씬 더 많은 영향을 받습니다. 이 시기에는 극단적인 반응을 보이는 친구들과 너무 가까워지지 않는 것이 중요하고 그런 환경을 스스로 피할 수 있는 지혜도 필요합니다. 말끝마다 욕을 내뱉는 친구들, 모이면 청소년이 보기 어려운 영상을 보는 집단과 어울리지 않는 것은 기본적인 태도입니다. 또 성적에 지나치게 민감하게 반응하는 친구들과 너무 깊이 얽혀 영향을 받는 것도 아이에게 부담이 될 수 있습니다. 무엇보다 중요한 것은 아이 스스로 중심을 잃지 않고 일희일비하지 않는 마음을 갖는 것입니다.

중학생 시기는 부모의 말과 행동에 깊은 영향을 받아 성장해 온 토대 위에 또래의 영향이 더해지는 시기입니다. 그래서 사춘기 아이가 예민하게 반응하고 말과 행동이 거칠어진다고 너무 놀랄 필요는 없습니다. 이 시기에는 부모도 지금까지의 양육 태도를 객관적으로 돌아볼 필요가 있습니다. 어른으로서 바로잡아야 할 것은 분명히 바로잡되 아이를 과하게 억누르거나 억압하면 오히려 더 엇나갈 수 있다는 점을 염두에 두어야 합니다.

이 시기에는 성적뿐 아니라 친구 관계와 이성 관계에서 오는 좌절과 실패의 감정이 한꺼번에 몰려올 수 있습니다. 그래서 이러한 감정을 다루는 힘, 즉 회복탄력성까지 함께 키워 나가야 합니다. 특히 성적 때문에 부모가 너무 흔들리거나 노력의 과정보다는 결과만 강조하면 아이는 노력하는 태도의 가치를 놓치기 쉽습니다. 학업과 삶을 대하는 태도에 대해 긍정적인 이야기를 꾸준히 들려주는 것이 그 어느 때보다 중요한 시기입니다.

중등 시기 회복탄력성을 기르는 세 가지 방법

1. 문제 해결력 키우기

단순히 "하지 마."라고 말하는 대신 "그 상황에서 어떻게 할 수 있을까?"를 묻습니다. 친구 갈등, 시험 스트레스 같은 실제 사례를 토대로 해결책을 스스로 찾게 합니다.

2. 실패를 성장 경험으로 해석하기

시험 성적, 동아리 활동에서의 좌절을 '나의 부족함'이 아니라 '다음 시도를 위한 학습'으로 바라보도록 지도합니다. 실수는 곧 배움의 기회라는 메시지를 반복해서 주는 것이 효과적입니다.

3. 자기주도적 활동 기회 주기

학급 활동, 동아리 리더 역할, 발표 준비 등을 맡겨서 책임감을 길러 줍니다. 자기 선택과 책임의 경험이 회복탄력성을 강화합니다.

3) 고등학교

고등학생은 대부분 대입과 관련하여 성적 때문에 좌절을 많이 겪습니다. 즉, 학업적인 면에서의 회복탄력성이 가장 중요한데요. 매번 전교에서 몇 명을 제외하고는 본인이 원하는 성적을 받는 학생이 거의 없습니다. 나만 원하는 성적을 못 받은 것 같고, 노력한 것 대비 결과가 안나온 것 같고, 한다고 했는데 오히려 성적이 떨어져서 더 좌절하게 되는 그런 시기가 바로 고등학교 시기입니다. 이럴 때는 '나만 그런게 아니다. 대부분 이런 과정을 겪는다.'라는 생각을 갖는 게 중요합니다. 실제로도 그러하고요.

수능 당일에도 체감 난이도 때문에 평소 모의고사보다 낮은 성적을 받는 고3 학생들이 많습니다. 대부분 시험 당일 생각보다 더 떨려서 어렵게 느껴졌고 1교시부터 멘붕이 왔다고 말하는 학생들이죠. 바로 그럴 때 '나만 어려운 게 아니다. 다 같이 어렵다. 할 수 있는 선에서 최선을 다해 보자.' 같은 생각을 하는 연습을 평소에도 많이 해야 합니다. 평소에 이런 사고의 훈련을 하지 않으면 정말 그런 생각이 필요할 때 그런 생각을 해낼 마음의 근육이 없기 때문에 생각처럼 잘 안되는 법입니다.

실패를 하더라도 스스로를 다독일 수 있는 마음도 필요하고 '잘못하더라도 후회가 남지 않게 끝까지 열심히 해 보자.'라는 마음으로 임하면 설령 결과가 좋지 않더라도 후회하지 않고 다시 회복할 수 있을 겁니다. 이런 게 바로 회복탄력성입니다. 우리가 원하는 결과가 나오지 않더라도 스스로 생각해도 도저히 더 이상 하려고 해도 할 게 없는 최선의 노력을 다하고 나면, 후련하고 미련 한 점 남지 않기 때문에 툴툴 털고 원점으로 돌아올 수 있고 다시 시작할 힘이 납니다. 그러므로 스스로를 믿고 최선의 노력을 다하는 그 자세로 임하며 끝까지 완주해 보세요.

고등 시기 회복탄력성을 기르는 세 가지 방법

1. 스트레스 관리 기술 습득

명상, 호흡법, 규칙적인 운동, 일기 쓰기 등을 꾸준히 하도록 유도합니다. 시험·진학 스트레스를 단순히 참는 것이 아니라 다스리는 기술을 배우게 합니다.

2. 사회적 지지망 활용하기

교사, 선배, 친구, 부모 등과 상담할 수 있는 통로를 마련해 줍니다. 혼자 해결해야 한다는 압박감을 주는 대신 도움을 요청할 줄 아는 건 오히려 강점이라는 것을 알려 줍니다.

3. 장기적 목표와 의미 찾기

단순히 성적이나 대학 진학만이 아니라 내가 하고 싶은 일, 사회에 기여할 수 있는 모습을 고민하게 돕습니다. 목적 의식이 있으면 일시적인 어려움에도 버틸 힘이 커집니다.

실컷 속상해하되,
그다음을 생각하고 계획하는 힘

심○현

연세대 국제학부 재학 중

Q1. SKY에 합격한 비결이 무엇인지 궁금합니다.

제가 연세대에 합격할 수 있었던 가장 큰 이유는 공부에서는 반드시 결과를 내겠다는 결심이 분명했기 때문이라고 생각합니다. 목표의식이 뚜렷해 포기는 선택지가 아니었고, 성적이 오르지 않거나 흔들릴 때마다 공부법을 바꾸거나 마음가짐을 다잡으며 대응했습니다. 입시에는 운도 작용했지만, 그 기회를 끝까지 살릴 수 있었던 건 결국 공부에서 성과를 내겠다는 결심을 꾸준히 유지했기 때문이라고 생각합니다.

Q2. SKY 합격에 도움이 된 나만의 공부 방법이 있을까요?

저는 철저한 루틴보다 어떤 과목이든 논리적 흐름을 이해하려는 태도가 가장 도움이 되었다고 생각합니다. 영어는 단순히 지문을 해석하는 데 그치지 않고 문장 구조와 전개를 따라가며 흐름을 파악했고, 그 결과 처음 보는 지문이나 고난도 문제를 만나도 안정적인 성적을 유지할 수 있었습니다. 반면 고등학생 때 문제 풀이에만 집중해 수학 공부에 어려움을 겪었지만, 대학에서 경제학을 전공하며 맥락 중심으로 다시 접근하자 이해가 훨씬 수월해졌고 경제학 성적도 자연스럽게 좋아졌습니다. 결국 저에게 맞는 공부법은 왜 이렇게 흘러가는지를 이해하는 감각을 기르는 것이었습니다.

[개별 질문] #회복탄력성

Q1. 목표한 결과가 나오지 않았을 때 수렁에서 빠르게 빠져나오는 회복탄력성의 비결이 무엇인가요?

제 회복탄력성의 비결은 흔들리는 감정을 솔직히 인정하되 그 감정에 머물지 않고 다시 나아갈 방향을 놓지 않는 태도였다고 생각합니다. 목표한 결과를 놓쳤을 때도 감정에 잠겨 있어서는 해결되지 않는다는 점을 비교적 빨리 인식하려 했습니다. 감정에 무딘 편은 아니었지만, 다시 시작해야 한다면 그 시점을 앞당기는 것이 낫다고 생각해 흐름을 끊지 않는 선택을 해 왔고, 그 결과 다시 중심을 잡는 속도도 점점 빨라졌습니다.

Q2. 보다 구체적으로 회복탄력성을 기를 수 있는 루틴 혹은 좌절에서 빠르게 벗어날 수 있는 방법을 알려 주세요.

시험을 망치거나 점수가 기대보다 낮을 때 저 역시 크게 흔들렸습니다. 하지만 저를 붙잡아 준 건 지금 주저앉으면 더 큰 손해라는 생각이었습니다. 그래서 멘붕이 올수록 감정에 머물기보다 바로 실행할 수 있는 작은 계획을 세웠습니다. 특히 잘하던 과목부터 공부를 시작하며 흐름을 되찾으려 했고, 자율 학습에도 평소처럼 참여했습니다. 결국 감정이 흔들릴수록 멈추지 않고 다음으로 나아가려는 태도를 유지하려 노력한 게 다시 중심을 잡게 해 준 비결이었습니다.

부끄럽고 괴로워도
실패하면 반드시 이유를 찾아라

김○우

서울대 농경제사회과학부 재학 중

Q1. SKY에 합격한 비결이 무엇인지 궁금합니다.

저에게 가장 큰 열쇠는 집중력이었습니다. 첫 수능에서는 집중이 흔들리며 평소보다 낮은 성적을 받았고, 이후 실력을 온전히 발휘하기 위해 집중력 훈련의 필요성을 느꼈습니다. 재수 기간 동안 모의고사를 통해 순간의 집중이 성적을 좌우한다는 것을 체감했고, 공부할 때 항상 최대한의 집중을 유지하려 노력했습니다. 또한 여러 모의고사를 거치며 에너지 보충과 휴식 타이밍을 조절해 나만의 수능 루틴을 만들었고, 그 덕분에 실제 수능에서는 끝까지 집중력을 유지하며 후회 없이 시험을 마칠 수 있었습니다.

Q2. SKY 합격에 도움이 된 나만의 공부 방법이 있을까요?

제가 가장 큰 도움을 받았던 방법은 오답 노트를 만들고 수업에서 배운 문제를 스스로 다시 풀어 보는 것이었습니다. 긴장한 상태에서는 예상치 못한 실수가 나오기 쉬워, 평소 문제 풀이 후 과목별로 오답을 정리하며 자투리 시간에 반복해서 확인했습니다. 또한 수업 시간에 문제를 보는 것만으로는 부족하다고 생각해, 특히 수학은 반드시 혼자 다시 풀어 보았습니다. 영어와 국어 역시 해설을 들은 후 스스로 다시 생각하는 과정을 거쳤고, 이런 방식이 수업에서 배운 것을 저의 실력으로 연결하는 데 큰 도움이 되었습니다.

[개별 질문] #회복탄력성

Q1. 목표한 결과가 나오지 않았을 때 수렁에서 빠르게 빠져나오는 회복탄력성의 비결이 무엇인가요?

저의 경험을 가장 잘 설명하는 말은 전화위복입니다. 고3 시절 누구보다 열심히 준비했기에 첫 수능 실패는 큰 좌절이었지만, 재수를 결심한 뒤의 힘든 시간 역시 더 나은 결과로 가기 위한 과정이라고 받아들이려 했습니다. 저는 실패에는 반드시 이유가 있다고 생각했고, 이를 두려워하지 않고 분석해 고치는 과정이 중요하다고 느꼈습니다. 그 과정을 통해 과거에 머물렀다면 얻지 못했을 성장을 이룰 수 있었다고 생각합니다.

Q2. 보다 구체적으로 회복탄력성을 기를 수 있는 루틴 혹은 좌절에서 빠르게 벗어날 수 있는 방법을 알려 주세요.

저는 결과가 기대에 미치지 않아도 절망에 머물기보다 왜 실패했는지를 점검하고 다음에 더 잘하면 된다고 생각하는 편입니다. 목표를 이루지 못했을 때는 원인을 찾고 보완 방법을 고민하며 상황을 부정적으로만 보지 않으려 했습니다. 슬럼프가 왔을 때는 부족한 점을 돌아본 뒤, 아무 생각 없이 따를 수 있는 계획을 세워 그 계획을 지키는 데만 집중했습니다. 아무것도 하기 싫은 날에도 자리를 지킨 자신을 칭찬하며, '그냥 해낸다.'라는 태도로 힘든 시기를 버텼습니다.

성적은 노력으로 완성되고,
노력은 태도로 완성된다

변화하는 입시 제도를 이기는 변화하지 않는 최상위권의 본질, SKY 멘탈을 장착하세요. 이 책을 통해서 수많은 노하우를 배우셨을 겁니다. 공부와 학업에 있어서 당신이 가진 가장 큰 장점은 무엇인가요? 직접 써 보세요.

　이 장점을 남들과 비교되지 않을 정도로 독보적인 강점으로 만들어 보세요.

　반대로 공부와 학업에 있어서 당장 끊어야 할 가장 큰 방해 요소는 무엇인가요?

　이걸 오늘부터 당장 끊어 내겠다고 선언하십시오. 그리고 행동으로 옮기세요. 이걸 못 해내면 당신에게 실질적인 변화와 눈부신 성장은 찾아오지 않을 겁니다.

　공부를 잘한다는 건 단순히 높은 점수를 받는 것 그 이상을 의미합니다. 공부를 대하는 태도가 내 인생을 대하는 태도와 연결되기 때문입니다. 하나를 하더라도 정성스럽게, 최소 3년동안 꾸준히 최선을 다해 보세요. 당신이 원하는 결과기 반드시 나타날 겁니다. 그 태도를 꾸준히 지속하면 나의 정체성이 될 겁니다. 환경을 뛰어넘는 힘, 'SKY 멘탈'을 키워 학업과 인생에서 원하는 목표를 모두 성취하세요.

최상위권 대학에 가는 아이들은 무엇이 달랐을까

스카이 멘탈

초판 1쇄 발행 2026년 1월 29일

지은이 하지원
펴낸이 민혜영
펴낸곳 카시오페아
주소 서울특별시 마포구 월드컵로14길 56, 3~5층
전화 02-303-5580 | **팩스** 02-2179-8768
홈페이지 www.cassiopeiabook.com | **전자우편** editor@cassiopeiabook.com
출판등록 2012년 12월 27일 제2014-000277호

ⓒ 하지원, 2026
ISBN 979-11-6827-392-4 03370